教師のための携帯ブックス⑨

教室でみんなと読みたい俳句85

大井恒行著

黎明書房

まえがき

近世の俳諧が明治期の俳句へと移行してきた三百年ほどの長い歴史の中で俳句が作られ現在に至っています。その俳句は、五・七・五に言葉を当てはめるだけで誰にでも簡単に作ることができます。俳句作りに参加することで、伝統的な言語文化を学び、作品を書く力や読む力、また、コミュニケーションの力を自然に身につけることができます。

文部科学省の『新しい学習指導要領』の「国語」の〔伝統的な言語文化と国語の特質に関する事項〕の部分で、俳句について触れられています。話すこと、書くこと、読むことなど、さまざまな言語活動の表現方法が、俳句を作り、句会を実践することで学習できます。（作り方、句会の仕方については巻末の付録1、2をご覧ください。）

俳句に接する機会が増えれば、自然を愛し、美しいものに感動する心を育てるのに大きく役立つことでしょう。そして、伝統文化に対する理解と愛情が深まることと思います。本書が国語教育の一助になれば幸いです。

黎明書房の皆様の細部にわたるご協力をいただき、本書を刊行することができました。深くお礼申し上げます。また、一部、連絡がつかなかった方を除いて、俳句作品の著作権所有者の方々に、快くご了承をいただきました。記して感謝申し上げます。

平成二十三年一月

大井恒行

＊本書では、旧仮名遣い（歴史的仮名遣い）の読み方を片仮名で示しました。

もくじ

菜《な》の花《はな》のどこをくすぐったら光《ひか》る

村《むら》井《い》和《かず》一《いち》

●解釈と鑑賞

一面に咲いている菜の花を前にして詠《よ》まれた句です。春の光と黄色い花の色があふれんばかりの情景です。

春の日差しにあふれ出るような菜の花の色の光り方は、誰かが、菜の花のどこかをくすぐって出しているのでしょうか。「どこをくすぐったら光る」という意表を突いた表現が楽しく、ユーモラスです。

読者に、さて、どこをくすぐればいいかな、と問いかけていると考えるのも楽しい読み方です。

●季語　菜の花（春）

●作者　一九三一（昭和六）年、東京生まれ。句集に『洪笑美族』『未然』『もてなし』、評論集に『連用詩形』『修羅の座標』など。

俳句って何?　季語《きご》って?

俳句で句の季節を示すために定められた語です。

例えば、〈古池《ふるいけ》や蛙《かわず》飛《とび》こむ水のを《オ》と　芭蕉《ばしょう》〉の句では「蛙」が季語で、季節は春です。

季の詞《ことば》、季題《きだい》ともいわれることがあります。

青蛙《あおがえる》おのれもペンキぬりたてか

芥川龍之介《あくたがわりゅうのすけ》

●解釈と鑑賞

青蛙は、水にぬれると、より鮮やかな青色に見えます。

その鮮やかな様子を、まるでペンキ塗りたてのようではないかと、青蛙に問いかけています。

「おのれも」という問いかけの表現は、青蛙に戯画化したさびしそうな作者自身を投影させているようにも感じられます。

この句は、フランスの作家、ジュール・ナールの『博物誌』にある「とかげ―ペンキ塗りたてご用心」の換骨奪胎《かんこつだったい》、パロディ（本歌取り《ほんかど》）の俳句だともいわれています。

●季語　青蛙（夏）

●作者　一八九二（明治二五）～一九二七（昭和二）年、東京生まれ。俳号、我鬼。小説家。句集に『我鬼窟句抄』『澄江堂句集《ちょうこうどう》』など。

俳句って何？　なぜ五《ご》・七《しち》・五《ご》？

俳句のルーツは俳諧《はいかい》の連歌《れんが》です。連歌は五・七・五（長句）と七・七（短句）を繰り返して連ねていました。

その最初の発句《ほっく》（五・七・五）が独立して俳句と呼ばれるようになりました。明治時代のことです。

三月《さんがつ》の甘納豆《あまなっとう》のうふふふふ

坪内稔典《つぼうちねんてん》

●解釈と鑑賞

お菓子の甘納豆が俳句に登場です。作者は一月から十二月までの甘納豆の句を作りました。例えば「二月には甘納豆と坂下る」「四月には死んだまねする甘納豆」「十二月どうするどうする甘納豆」。

三月の甘納豆の句は楽しく、うふふふふの含み笑いに可愛《かわい》らしさがあふれています。

甘いお菓子を食べる時の幸せな心持ちと、春を迎えた三月の喜びの気持ちを、甘納豆が共に喜んでいると擬人化《ぎじんか》した楽しい俳句です。

●季語　三月（春）

●作者　一九四四（昭和一九）年、愛媛県生まれ。本名、稔典《としのり》。句集に『朝の岸』『坪内稔典全句集』、評論集に『過渡の詩』『モーロク俳句ますます盛ん』など。

俳句って何？　仮名遣いは？

俳句は、現在でも旧仮名遣い（歴史的仮名遣い）で表記する人が多くいますが、新仮名遣い（現代仮名遣い）でも表記されます。

俳句を作る時にはどちらにするか、好きな方を自分で選ぶことが大切です。

にっぽんは葉《は》っぱがないと寒《さむ》いんだ

藤後左右《とうごさゆう》

●解釈と鑑賞

日本列島は北から南まで、多くの森林に恵まれています。まだ、何千年と生きてきた原生林も残っています。冬が来て、枯葉から落葉になって、葉っぱがなくなる木々を広葉樹林といいます。

広葉樹林の多い日本では、寒い季節になり、木々の葉が落ちると、服のような葉っぱがなくなって、日本中が寒そうだと作者は言っているのです。

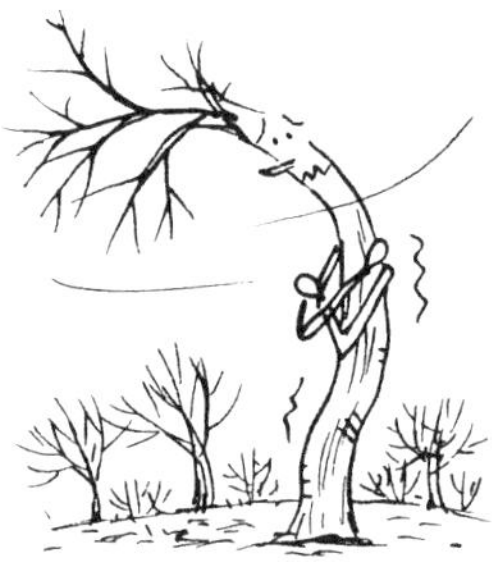

●季語　寒い（冬）

●作者　一九〇八（明治四一）〜一九九一（平成三）年、鹿児島県生まれ。本名、惣兵衛。句集に『熊《くま》襲《そ》ソング』など。

俳句って何？

話し言葉でもいいの？

日常使っている話し言葉を俳句の表現に使うことができます。「葉っぱがないと寒いんだ」の「寒いんだ」がそれにあたります。

こうした話しに用いる言葉を口《こう》語《ご》といい、書かれる言葉を文語《ぶんご》といいます。

水鳥《みずどり》や向《むこ》ふ《ウ》の岸《きし》へつういつつい

広瀬惟然《ひろせいぜん》

●解釈と鑑賞

原句は「つうい〱」ですが、水鳥が向こう岸へ滑るように泳いでいく様子を「つういつうい」と読ませているようです。

水鳥の泳ぐ様子を軽やかにリズミカルに感覚的な擬《ぎ》態語《たいご》として表現し、口語の調子をうまく取り入れています。

同じ惟然の句に「水《みず》さつ《サッ》と鳥《とり》よふは《ワ》ふは《ワ》ふうは《ワ》ふは《ワ》」もあります。泳いでいる水鳥の楽しそうな様子が擬態語で表現されています。

●季語　水鳥（冬）

●作者　生年未詳～一七七一（正徳元）年、美濃国（現・岐阜県）生まれ。本名、源之丞。芭蕉の門人で、芭蕉没後は諸国行脚。晩年、口語調の俳諧を唱えた。

俳句って何？　切字《きれじ》って？

俳句には句切《くぎ》れといって、言葉の表現に飛躍を作る方法があります。多くは「や」「かな」「けり」などの「切字」を使って切ります。

「や」は付いている言葉を強調したり、詠嘆の効果を作品にもたらします。

ぷっとふくれてプエルトリコの雲《くも》になりたい

中山美樹《なかやまみつき》

●解釈と鑑賞

プエルトリコはスペイン語で豊かな、美しい（プエルト）・港（リコ）という意味のカリブ海にある島です。アメリカとスペインによる米西戦争後、一八九八年、パリ条約によってアメリカに併合されました。

この句は「ぷっとふくれて」というフレーズの音韻《おんいん》を受けてプエルトリコの地名がふくらむような感じに作られています。

「雲になりたい」のフレーズと重なり、明るく楽しい句になっています。童話のような世界です。気分は春か夏の感じを与えます。

●季語　無し（無季）

●作者　一九四七（昭和二二）年、新潟県生まれ。句集に『海・ETUDE』『アトランティスの裔』『おいで！凩《こがらし》』『Lovers』など。現代俳句協会会員。

俳句って何？

季語がなくてもいいの？

芭蕉も言っていますが、必ず季語を入れなければいけない、ということではありません。ただ、俳句の多くには季語が入っています。

季語は近世俳諧での発句時代の約束の名残《なご》りです。

花《はな》よりも団子《だんご》やありて帰《かえ》る雁《かり》

松永貞徳《まつながていとく》

●解釈と鑑賞

春は花の季節、俳句では花といえば桜のことです。北へ帰る雁を惜しむ心を、和歌では優美に詠んできた歴史があります。

北へ帰る雁は、花見よりもおいしい団子があるから、帰っていくのだろうか、と「花より団子」のことわざを句に入れて滑稽味《こっけいみ》を強調した、貞門俳諧の特色が出ている表現になっています。

●季語　帰雁《きがん》（春）

●作者　一五七一（天亀二）～一六五三（承応二）年、京都生まれ。江戸前期の俳人。庶民に俳諧を広めた貞門俳諧の祖。編著に『新増犬筑波集』。

俳句って何？　**滑稽《こっけい》って？**

滑稽とは、和歌の「雅《みやび》」の美意識に対して町人文化の俳諧精神を表した言葉です。

もともと「滑稽」と「俳諧」は同義の言葉と考えられていました。笑いの対象になるようなものを俳諧の中心にしたのです。

田螺《たにし》の殻《から》つまめるやう《ヨ》に出来《でき》てゐ《イ》る

加《か》倉《くら》井《い》秋《あき》を

●解釈と鑑賞

田螺の殻はこげ茶色で円錐形《えんすいけい》、その円錐形の殻の形が指でつまみやすいようにできていると、親しみをこめて表現しています。

水田の底をはっている田螺の形が、いかにもつまみやすい、つまめる形にできているなあと思ったのです。

田螺は昔の人々にとって大切な動物性のたんぱく質で、煮たり、和《あ》え物にして食べていました。

「田螺鳴く」という俳句独特の季語がありますが、もとより田螺が鳴くはずはありません。

●季語　田螺（春）

●作者　一九〇九（明治四二）～一九八八（昭和六三）年、茨城県生まれ。本名、昭夫。句集に『胡桃』『真名井』など。

俳句って何？　**空想でもいいの？**

俳句も創作ですから、空想やフィクションでもいいのです。

「田螺鳴く」もありますが、俳句ではよく「亀鳴く」という春の季語も使われます。春の夕べに聞こえる音を楽しく想像したのでしょう。秋には「蚯蚓《みみず》鳴く」という季語もあるくらいです。

むまそうな雪《ゆき》がふうはりふはり哉《かな》

むまそうな（ウ）雪がふうはり（ワ）ふはり（ワ）哉

小林一茶《こばやしいっさ》

●解釈と鑑賞

雪をまるで綿菓子のように見なして「むまそうな《ウ》」という口語を用い、子どものような感覚で表現しているところが、冷たい雪でも暖かい感じになります。その雪が、ふうわりふわりと空から舞い降っているのです。

一茶の優しさが伝わってきます。

一茶には童心に返った楽しい作品がよく見られます。例えば「雀《すずめ》の子《こ》そこのけそこのけ御馬《おうま》が通《とお》る」のように……。

●季語　雪（冬）

●作者　一七六三（宝暦一三）～一八二七（文政一〇）年、信濃国柏原（現・長野県）生まれ。江戸後期の俳人。本名、弥太郎。俳文に『おらが春』『七番日記』、句集に『一茶発句集』など。

俳句って何？

繰り返し（リフレイン）？

一茶の「ふうはり」もそうですが、「ふわふわ」「へろへろ」などの擬態語を繰り返し（リフレイン）使えば、俳句の表現におもしろさ、楽しさを表す効果を発揮します。

冬《ふゆ》はまた夏《なつ》がましじや《ジャ》といひ《イ》にけり

上島鬼貫《うえじまおにつら》

●解釈と鑑賞

夏の暑さが厳しい時には「冬の方がまだましだ」と言い、寒い冬が来ると、その時には、「夏の方がまだましだ」と言っているなあと、ほどよい気候でない時期には、その時その場で、人々は勝手なことを言うものだ、とからかって言っています。

少し理屈っぽいところは川柳《せんりゅう》に近いといえるかもしれません。

●季語　夏（夏）

●作者　一六六一（万治四）〜一七三八（元文三）年、摂津国伊丹（現・伊丹市）生まれ。本名、上嶋宗邇《むねちか》。江戸中期の俳人。編著に『独ごと』『犬居士』など。

俳句って何？　俳句と川柳《せんりゅう》？

川柳も五・七・五です。江戸中期、俳句の滑稽さが失われると共に、発句の約束である季節や切字から自由に、多くは口語を使って、人生や風俗、人情を表現しようとする動きが出てきます。柄井川《からいせん》柳《りゅう》によって確立された形式です。

化《ばけ》そうな傘《かさ》かす寺《てら》の時雨《しぐれ》哉《かな》

与謝蕪村《よさぶそん》

●解釈と鑑賞

急に降り出した時雨に、さて、どうしたものかと思っていたら、寺で傘を貸してくれました。しかし、怪談に出てきそうな古くて半分破れているような代物《しろもの》です。

それでも、ないよりはましで、少しはぬれずにすみます。

「ばけそうなのでもよしかと傘《かさ》をかし」(誹風柳多留《はいふうやなぎだる》)の句を踏まえた滑稽味のある句です。

もちろん、破れ傘を貸してくれた貧しい寺のお坊さんには感謝しています。

●季語　時雨(冬)

●作者　一七一六(享保元)~一七八三(天明三)年、摂津国毛馬(現・大阪市)生まれ。江戸中期の俳人・画家。本名、信章。編著に『新花摘』、句集に『蕪村句集』など。

俳句って何?　俳号《はいごう》って?

俳人は「蕪村」など、俳号を付けることによって、世の中の地位や名声、貧富などには関係がなくなり、全員が平等に付き合い、現実とは別の詩歌《しいか》の世界で自由に遊ぶことができるのです。俳号は誰でも自由に付けることができます。

ピーマン切《き》って中《なか》を明《あか》るくしてあげた

池田澄子《いけだすみこ》

●解釈と鑑賞

料理をするために、ピーマンをまな板にのせて包丁で切ったら、ピーマンの中の空洞が現れました。ピーマンの中の暗闇が、一瞬にしてパッと明るくなったのだと作者は想像しました。

包丁で切ったピーマンのことを意識的に「中を明るくしてあげた」と表現しました。

暗闇から光への希望を、この句を読んだ人々に、口語調で軽やかに、語りかけています。

●季語　ピーマン（秋）

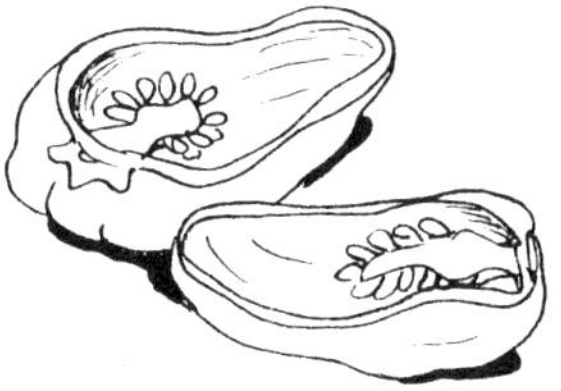

●作者　一九三六（昭和一一）年、神奈川県生まれ。句集に『空の庭』『ゆく船』『池田澄子句集』など、エッセイ集に『あさがや草子』、評論集に『休むに似たり』。

俳句って何？

季語は新しく作れるの？

季語は時代によって新しく生まれたり、また、使われなくなって、忘れ去られたりします。

〈ピーマン〉は最近の新しい季語の一つです。

世界中《せかいじゅう》トースト飛《と》び出《だ》す青葉風《あおばかぜ》

佐怒賀正美《さぬかまさみ》

●**解釈と鑑賞**　あの家、この家、世界中の朝に、トースターから焼き上がったトーストが飛び出してくるような青葉の季節。

その青葉にのって吹く風も心地よく、家族の明るい声も聞こえてくるようです。

さわやかな緑の風にのって、飛び出すトーストに、子どもたちは心も弾んで元気いっぱいです。

●**季語**　青葉風（夏）

●**作者**　一九五六（昭和三一）年、茨城県生まれ。俳誌「秋」主宰。句集に『意中の湖』『悪食《あくじき》の獏』など。

俳句って何？　歳時記《さいじき》って？

春夏秋冬、新年と各季節に季語を分類し、解説を付け、例句を配列している本のことです。

単に季語と例句を配列している実作者向けの本は「季寄《きよ》せ」といわれています。

梅《うめ》一《いち》輪《りん》一《いち》輪《りん》ほどの暖《あたた》かさ

服部嵐雪《はっとりらんせつ》

●解釈と鑑賞

梅の花が一輪、冬の寒さにめげずに咲きました。

そして、もう一輪。

梅の花一輪が咲くごとに、一輪分の暖かさが感じられてくるというのです。

待ち遠しい春がそこまで来ています。

「一輪一輪ほどの」の繰り返しがリズミカルで、日ごとに春が近づくような、弾んでくる心までも表しています。

●季語　梅一輪・寒梅《かんばい》（冬）

●作者　一六五四（承応三）〜一七二三（享保八）年、江戸湯島（現・東京）生まれ。本名、治助。蕉門（芭蕉の弟子）十哲の一人。

俳句って何？　季《き》感《かん》って？

その時季の季節らしい感じのことをいいます。一つの言葉に対していう場合と一句についていう場合があります。季語は当然季感を伴っているものが多いのですが、よく知らない人の忌日《きじつ》や行事など、知らないと、季感を感じるのは難しいものです。

ものの種《たね》にぎればいのちひしめける

日野《ひの》草城《そうじょう》

●解釈と鑑賞

稲の種籾《たねもみ》以外の春にまく穀類や草木の種を種物《たねもの》といいます。

その種を手ににぎってみると草木の生命に直接触れているように感じられ、体中に力がみなぎって、元気をもらった感じになります。

作者の草城は、長い闘病生活を送っていたので、なおさら生きる力を得た感じになったのではないでしょうか。

晩年、緑内障で右眼を失明し、その時に「見《み》えぬ眼《め》の方《ほう》の眼鏡《めがね》の玉《たま》も拭《ふ》く」と詠んだ自画像の句があります。

●季語　種物（春）

●作者　一九〇一（明治三四）～一九五六（昭和三一）年、東京生まれ。本名、克修《よしのぶ》。十七歳で「ホトトギス」初入選。句集に『草城句集』など。

俳句って何？　新興《しんこう》俳句って？

関東大震災前後、色々な分野で「新興」の用語がはやりました。

俳句では一九三一（昭和六）年、高浜虚子《きょし》の「ホトトギス」に叛旗《はんき》をひるがえした水原秋櫻子《みずはらしゅうおうし》の「自然の真と文芸上の真」をきっかけに、新興俳句運動が起こりました。

春風《はるかぜ》や闘志《とうし》抱《いだ》きて丘《おか》に立《た》つ

高浜虚子《たかはまきょし》

●解釈と鑑賞

志を立てた青年が丘の上で未来を望むように足をふんばって立っている姿を想像してみましょう。血気さかんな青年の頬をなでる春風も心地よく感じられます。そんな青年の姿が想像できます。

作者の高浜虚子は、一時期、小説家を志していましたが、当時、俳句の世界に大きな勢力を占めていた河東碧梧桐《かわひがしへきごとう》の新傾向俳句に対抗すべく、小説の世界から俳句の世界にもどってきました。

そのころに詠んだ句です。作者の心の高ぶりが感じられます。

●季語　春風（春）

●作者　一八七四（明治七）～一九五九（昭和三四）年、愛媛県生まれ。河東碧梧桐と共に正岡子規門の双璧。句集に『五百句』『六百句』『定本高浜虚子全集』など。

俳句って何？　新傾向俳句って？

河東碧梧桐は、正岡子規《まさおかしき》没後、「写生」を離れて、実感をありのままに表現しようとする運動を全国を行脚しながら広めていきます。

新傾向俳句運動と呼ばれ、俳壇《はいだん》に復帰した虚子が唱える「客観写生」と対抗することになりました。

春《はる》の海《うみ》まつすぐ行《い》けば見《み》える筈《はず》

大牧《おおまき》　広《ひろし》

●解釈と鑑賞

このまま、この道をまっすぐ歩いていけば、きっと海が見えてくる、それも春の優しい日差しにきらきらと輝く、穏やかな、ゆったり、のんびりできる春の海です。

自分の信じる道を、勇気と自信を持って歩き続けようよ、一緒に歩いていこうよと語りかけているのです。

●季語　春の海（春）

●作者　一九三一（昭和六）年、東京生まれ。能村登四郎に師事、八九年、「港」を創刊主宰。句集に『父寂び』『昭和一桁』、エッセイ集に『いのちうれしき―ようこそ、高齢者のための俳句へ』など。

俳句って何?

俳句は年寄りの文学?

平均年齢で考えると確かにそうですが、高齢者の方は、句会や吟《ぎん》行《こう》での多くの人との出会いや、俳句を作るための好奇心によって、いつまでも若く元気です。

しんしんと肺《はい》碧《あお》きまで海《うみ》のたび

篠原鳳作《しのはらほうさく》

●解釈と鑑賞

「しんしん」という言葉に漢字を当てはめると深々、津々、森々など、色々考えられますが、いずれにも定められません。平仮名の「しんしん」という繰り返しの響きが静かな時間の流れを思わせ、清新に感じられます。

見渡す限りの海の碧さに、肺の中まで碧く染まっていくような気持ちのいい感覚になったのです。

鳳作は沖縄県宮古中学に教師として赴任しました。沖縄の海の美しさをも感じることができます。

この句が発表された一九三四（昭和九）年、当時の俳句の世界では、とびきり新しい俳句でした。無季俳句の典型のように賛美され、評判の高かった俳句です。

●季語　なし（無季）

●作者　一九〇五（明治三八）〜一九三六（昭和一一）年、鹿児島県生まれ。本名、国堅《くにかた》。吉岡禅寺洞に師事、「傘火」を創刊し、無季俳句、生活俳句を唱導した。『篠原鳳作全句文集』。

俳句って何？　吟行《ぎんこう》って何？

野山を歩きながら、俳句になる材料（句材）を探し、句会をして楽しむことを吟行（吟行句会）といいます。高浜虚子は、武蔵野近郊を歩き、現地で句会を行う「武蔵野探勝」を百回行っています。

桃《もも》咲《さ》けり胸《むね》の中《なか》まで空気《くうき》満《み》ち

●解釈と鑑賞

桃の花の盛り、明るいピンクの花の色までも、空気と一緒に入ってきて、胸いっぱいに広がってきます。

桃の花の香りと共に春の穏やかな雰囲気も満ちています。

気持ちのよさと、〈春〉の語源である〈張《は》る〉力が体にみなぎってくる感じです。

●季語　桃の花（春）

三橋《みつはし》敏雄《としお》

●作者　一九二〇（大正九）～二〇〇一（平成一三）年、東京生まれ。三八（昭和一三）年、十八歳で戦火想望俳句「戦争」で山口誓子に激賞された。句集に『まぼろしの鱶』『三橋敏雄全句集』など。

俳句って何？

戦《せん》火《か》想望《そうぼう》俳句って？

第二次大戦中、実際の戦地（前線）を想像して詠まれた俳句のことで、とくに日中戦争下に新興俳句を推進した俳人によって、日本の本土内で多く詠まれました。

しづ《ズ》かなる力満《ちからみ》ちゆき蜾蠃《はたはた》とぶ

加藤楸邨《かとうしゅうそん》

●解釈と鑑賞

蜾蠃とはバッタのことです。

今にも飛び上がろうとするバッタの姿を、そのじっとして力を溜めている瞬間を、作者は静かな力が満ちていく様子としてとらえました。

よく見るとバッタの顔にまで力がみなぎっているようです。

静かな力とは、自身の内部からじっくり湧いてくる力のことでしょう。

何かをする前には、次の目的に向かって、エネルギーを溜めていくことが必要なのだと言われているような気持ちになります。

●季語　蜾蠃（夏）

●作者　一九〇五（明治三八）～一九九三（平成五）年、東京生まれ（出生届けは山梨県）。本名、健雄。四〇（昭和一五）年、俳誌「寒雷」創刊・主宰。句集に『野哭《やこく》』『怒濤』、著書に『芭蕉全句』など。

俳句って何？　ルビ俳句って？

俳句作品のすべての漢字に意識的にルビをふったり、漢字に特殊な当て読みを施《ほどこ》したりする場合に、ルビ俳句と呼んでいます。

作者の自覚した表記の意識に基づいた俳句です。

窓《まど》あけて窓《まど》いつ《ッ》ぱいの春《はる》

種田山頭火《たねださんとうか》

●**解釈と鑑賞**

山頭火は出家得度《しゅっけとくど》した後、よく旅をしました。窓を開けると外は春の気配にあふれ、窓から春が入ってきました。

この句が作られた三月一日の日記には「春風春水一時到、といつ《ッ》たや《ヨ》うな風景」と記しています。

旅心に誘われて、浮き浮きした気分になっている感じが表れています。

●**季語**　春（春）

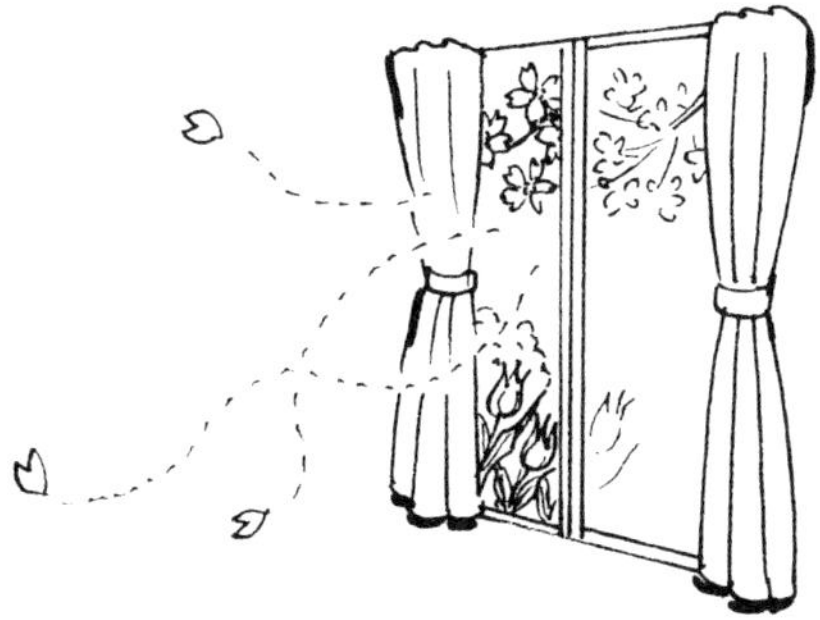

●**作者**　一八八二（明治一五）〜一九四〇（昭和一五）年、山口県生まれ。本名、正一。荻原井泉水に師事。自由律俳句をめざす。句集に『草木塔』『定本種田山頭火全集』など。

俳句って何？　**有季定型《ゆうきていけい》って？**

季語と五・七・五の言葉のリズムの両方を備えて作られる俳句を有季定型俳句と呼んでいます。

山頭火のように定型にこだわらないで、自由に詠まれている俳句は自由律《じゆうりつ》俳句といわれています。

青嵐《あおあらし》真《ま》っ向勝負《こうしょうぶ》挑《いど》みけり

山本有香《やまもとゆか》

●解釈と鑑賞

青嵐は青葉のころに吹きわたる少し強い風のことです。

青葉の木々の梢《こずえ》を吹き通ってくる爽《さわ》やかな感じを伴う心地が句にあります。

俳句甲子園で活躍した山本有香の、その爽やかな青嵐の中での真っ向勝負だったのでしょう。

俳句のこととはいえ、勝負ですから、勝ち負けには、悔しさも喜びもあります。

勝ち負け以上の充実した体験がきっと今後の人生に生かされるでしょう。

●季語　青嵐（夏）

●作者　一九九一（平成三）年、愛知県生まれ。

俳句って何？　**俳句甲子園《はいくこうしえん》って？**

愛媛県松山市で毎年夏に行われる高校生を対象にした俳句コンクール「全国高校俳句選手権大会」（略称・俳句甲子園）。

第一回は一九九八（平成一〇）年八月、社団法人松山青年会議所によって行われ、参加校は九校。

二〇一〇（平成二二）年、第一三回大会は、二九都道府県七一校一〇三チームが参加。

玫瑰《はまなす》や今《いま》も沖《おき》には未来《みらい》あり

中村草田男《なかむらくさたお》

●解釈と鑑賞

玫瑰は、バラ科の落葉低木、浜辺に自生し、花は紅紫色の五弁花。秋になると、楕円形《だえんけい》の小さな実をつけます。

和名は〈浜梨《はまなし》〉。一説にはシがスになまって発音されハマナスになったともいわれています。

青い海を背景に咲く群落の玫瑰は、一段と美しく、かつて、海を渡って、未知の大陸を発見し、未来を切り開いた冒険家たちのように、きっと今も、〈沖には〉、つまり、海の向こうには新しい世界、未来があるのだ、と作者は語りかけています。

●季語　玫瑰（夏）

●作者　一九〇一（明治三九）～一九八三（昭和五八）年、中国福建省生まれ。本名、清一郎。句集に『長子』、メルヘン集に『風船の使者』など。

俳句って何？　人間探求派って？

一九三九(昭和一四)年、「俳句研究」誌上、中村草田男、加藤楸邨《しゅうそん》、石田波郷《はきょう》、篠原梵《ぼん》による新しい俳句の課題についての座談会で、司会の山本健吉が「貴方《あなた》がたの試みは結局人間の探求ということになりますね」と語ったことから。

地《ち》の涯《はて》に倖《しあわせ》ありと来《こ》しが雪《ゆき》

細谷源二《ほそやげんじ》

●解釈と鑑賞

細谷源二は、日本の敗戦直前に北海道開拓移民団に加わり、一家をあげて北海道に移住、入植しました。しかし、極寒の地の冬の厳しさと荒れた土地では、入植者受け入れの希望あふれる歌い文句とは違った生活の困窮《こんきゅう》が待ち受けていました。

その厳しい現実に直面している作者の切実な気持ちが込められた句です。

源二の幸せがいまだ願望にとどまっていることがうかがえます。

●季語　雪（冬）

●作者　一九〇六（明治三九）～一九七〇（昭和四五）年、東京生まれ。本名、源太郎。四九（昭和二四）年、「氷原帯」創刊・主宰。句集に『砂金帯』など。

俳句って何？　俳句弾圧事件って？

戦時下、一九四〇（昭和一五）年から四三年の間、新興俳句やプロレタリア俳句の俳人たちが唱えたリアリズム論や、厭戦《えんせん》的、反戦的な作品に対して、特別高等警察（特高）が治安維持法違反を口実に、俳人を検挙、投獄した事件。

菫《すみれ》ほどな小《ちい》さき人《ひと》に生《うま》れたし

夏目漱石《なつめそうせき》

●解釈と鑑賞

漱石が熊本第五高等学校に教師として転任したころの作品。

春の野に咲く小さくつつましい菫のように美しい人間に生まれたいのです。

漱石の小説『文鳥』の一節に「菫程な小さい人が黄金の槌《つち》で瑪瑙《めのう》の碁盤《ごばん》でもつづけ様に敲《たた》いて居《い》る様な気がする」とあります。

漱石の小説には近代的な自我と社会との相克《そうこく》に悩む姿が書かれていますが、その激しさの分だけ、つつましい私にあこがれる心情を句に託したのでしょう。

●季語　菫（春）

●作者　一八六七（慶応三）～一九一六（大正五）年、江戸牛込（現・東京）生まれ。本名、金之助。小説家。句集に『漱石俳句集』。

俳句って何？

「我輩《わがはい》は猫である」は？

漱石は、はじめ虚子の写生文朗読会「山会《やまかい》」のために「我輩は猫である」を書きましたが、書き改めて、俳誌「ホトトギス」に一九〇五年一月から翌年八月まで断続的に連載し、好評で「ホトトギス」の売行きも伸びました。

いくたびも雪《ゆき》の深《ふか》さを尋《たず》ねけり

正岡子規《まさおかしき》

●解釈と鑑賞

子規は病の床に臥《ふ》したまま、庭の雪の降っている様子がしきりに気になっています。

どのくらい積もったのだろうか？ 童心に返ったようで、降り積む雪に少し気持ちが浮き立っているのかも知れません。

さきほど聞いたばかりなのに、すぐにまた家人にたずねるのでした。

いくたび、雪、深さのU音《ウ》の繰り返しが作品のリズムをもたらし、読者の心にすなおに入ってきます。

●季語　雪（冬）

●作者　一八六七（慶応三）～一九〇二（明治三五）年（詳しくは四三ページ参照）。

俳句って何？

子規はどれだけ本を書いたか？

子規は、三四歳という若さで生涯を閉じ、多くは新聞「日本」、俳誌「ホトトギス」などに発表し、『獺祭書屋俳話《だっさいしょおくはいわ》』『俳諧大要』『俳人蕪村』など七冊が生前に刊行され（選句集、編著、共著を除く）、現在では、講談社版『子規全集』二十二巻（別巻三）があります。

うしろすがたのしぐれてゆくか

種田山頭火《たねださんとうか》

●解釈と鑑賞

最初に発表された時には（「層雲」昭和七年三月号）「自嘲《じちょう》」という前書を付けています。

さらに句集『草木塔《そうもくとう》』では、「昭和六年、熊本に落ちつくべく努めたけれど、どうしても落ちつけなかった。またもや旅から旅へ旅しつづけるばかりである」と書いています

托鉢《たくはつ》の旅に出る自分を客観的に見ている山頭火がいます。

冷たい時雨《しぐれ》が降る道を歩く年老いた自分自身のうしろ姿の深いさびしさが表現されています。

●季語　しぐれ（冬）

●作者　一八八二（明治一五）～一九四〇（昭和一五）年、山口県生まれ。本名、正一。荻原井泉水に師事。自由律俳句をめざす。句集に『草木塔』『定本種田山頭火全集』など。

俳句って何？　放浪俳人って？

江戸時代、芭蕉や一茶、女性では田上菊舎尼《たがみきくしゃに》が放浪生活をしています。明治時代の井上井月《せいげつ》、大正から昭和時代にかけての種田山頭火、尾崎放哉《ほうさい》は寺男として諸寺を巡るなどして生涯を過ごしました。

頓《やが》て死《し》ぬけしきは見《み》えず蝉《せみ》の声《こえ》

●解釈と鑑賞

蝉は地中に長く生き、成虫として地上に出てから、わずか一週間ほどの短い生涯を鳴き続けます。すぐに死んでしまうにもかかわらず、その気配を見せることなく鳴き続けています。

そのように考えると、時にはうるさいほどの蝉の声も哀しい響きに聞こえてくるからふしぎです。この世の無常迅速《むじょうじんそく》（変化の非常に速いこと）への思いを深くする句です。

それもそのはずです。この句は『卯辰集《うたつしゅう》』にあり、前書に「無常迅速」と書かれています。

●季語　蝉（夏）

松尾芭蕉《まつおばしょう》

●作者　一六四四（寛永二一）～一六九四（元禄七）年、伊賀国上野（現・三重県伊賀市）生まれ。江戸時代前期の俳諧師。本名、松尾忠右衛門宗房。俳号、桃青、芭蕉は庵号。著書に『おくのほそ道』『野ざらし紀行』など。

俳句って何？　前書《まえがき》って？

俳句作品の前に付けて、作品を詠んだ意味を簡単に説明したものを詞書《ことばがき》、前書といい、前書によってさらに作品の味わいが深く感じられるものも少なくありません。

鉛筆《えんぴつ》の遺書《いしょ》ならば忘《わす》れ易《やす》からん

●解釈と鑑賞

遺書は、昔ならば筆、現在でも万年筆やボールペンなど、文字の消えない筆記具で書かれるものです。鉛筆で書かれた遺書というところに作者の複雑な気持ちがあります。

後の世の人々には遺書があることによって、かつて自分がこの世に存在したことの証しともなります。

鉛筆という消えやすい文字で書かれた遺書は、文字が消えて遺書でなくなる可能性があり、いつでも消しゴムで消すこともできます。それだけ、自分自身が希薄な存在であることを、「鉛筆の遺書」に象徴させています。

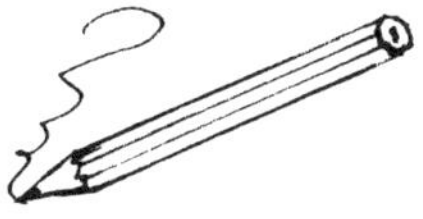

●季語　なし（無季）

林田紀音夫《はやしだきねお》

●作者　一九二四（大正一三）〜一九九八（平成一〇）年、旧朝鮮京城府生まれ。本名、甲子男《きねお》。第一一回現代俳句協会賞受賞。句集に『風蝕』『林田紀音夫全句集』など。

俳句って何？　無季俳句って？

季節を表す季語や季題の入っていない俳句を無季俳句といいます。無季の句を総称して雑《ぞう》の句ともいいます。連歌・俳諧の付句《つけく》では季節を詠み込む句の場所が決まっていますので、その約束（式目《しきもく》）以外の句はすべて雑の句になります。

月光《げっこう》にいのち死《し》にゆくひとと寝《ね》る

橋本多佳子《はしもとたかこ》

●解釈と鑑賞

「いのち死にゆくひと」とは、多佳子の夫、豊次郎のことです。多佳子が三八歳、病床の夫を看取る時に添い寝をしました。

月の光を受けて、その月の光が逝く夫も自分も包み込んでくれています。透き通るような心持ちになる俳句です。

幼少から病弱であった多佳子は、一〇歳で父を失い、死をいつも身近に感じていました。一八歳で結婚し、夫の経済力と理解によって何不自由のない生活でしたが、作品は、人間の孤独感とさびしさを宿《やど》しています。

●季語　月光（秋）

●作者　一八九九（明治三二）〜一九六三（昭和三八）年、東京生まれ。本名、多満。一九一七（大正六）年、橋本豊次郎と結婚。句集に『海燕』『橋本多佳子全句集』など。

俳句って何？　月は秋なの？

俳句では、花といえば桜のことを指す季語ですが、同じように、月といえば、月が一番美しく見える季節を指し、秋の季語になっています。

入《い》れものが無《な》い両手《りょうて》で受《う》ける

尾崎放哉《おざきほうさい》

●解釈と鑑賞

入れものがない、ということは無一物《むいちもつ》ということです。両手で受けるのは、檀家《だんか》の人々が恵んでくれる米や野菜、味噌《みそ》、醤油《しょうゆ》などの食べもの。人々からの施しに感謝し、合掌《がっしょう》して、それらを食べながら生活し、生かされているという感謝の心があふれた一句です。

このような心の澄んだ境地に達した放哉には、エリート会社員時代からの挫折《ざせつ》や飲酒の上での失敗などを経た苦悩と放浪、孤独な境涯《きょうがい》（生きて行く際の境遇）が背景にあります。

●季語 なし（無季・短律句）

●作者 一八八五（明治一八）～一九二六（大正一五）年、鳥取県生まれ。本名、秀雄。放浪し、晩年、小豆島西光寺の南郷庵で寺男。句集に『放哉句集 大空』、『放哉全集』など。

俳句って何？ **自由律俳句って？**

五・七・五の定まった形式（定型）、季語にもこだわらず、自由に表現しようとする俳句のことです。荻原井泉水《おぎわらせいせんすい》などによって試みられました。十七音数よりも短い句を短律句《たんりつく》といいます。

長《なが》き夜《よ》の楽器《がっき》かたまりゐ《イ》て鳴《な》らず

伊丹三樹彦《いたみみきひこ》

●解釈と鑑賞

一年中で一番夜が長いのは冬至のころですが、九、十月にもなると涼しさも増し、夜が長くなったと感じられる季節です。

そんな秋の夜長、楽器がかたまって置かれています。いつもは演奏されて音を出し、鳴っている楽器ですが、今は、鳴ることもなくただ置かれているだけです。

演奏者のいない楽器が、鳴らない物質、塊《かたまり》として置かれていることで、いるはずの演奏者がいない不安感、自身の不安感も同時に表現されています。

昭和一三年の作品です。

●季語　長き夜（秋）

●作者　一九二〇（大正九）年、兵庫県伊丹町（現・伊丹市）生まれ。本名、岩田秀雄。写真と俳句の写俳運動を推進。句集に『仏恋』『隣人ASIAN―写俳集』など。

俳句って何？　写真俳句って？

写真と俳句を組みあわせることで、俳句のイメージも写真のイメージも広がってきます。伊丹三樹彦は写真俳句の元祖のような俳人です。

デジタルカメラの普及で、写真に俳句を添える〈写俳《しゃはい》＝写真俳句〉を楽しむ人が増えています。

海《うみ》に出《で》て木枯《こがらし》帰《かえ》るところなし

山口誓子《やまぐちせいし》

●**解釈と鑑賞**

陸上では野山の木々や人家の庭先を吹き枯らしていた冷たい木枯しも、海の上に来ると吹き枯らすものすらなくなり、ましてやもどっていくところも失われてしまいました。

木枯しとしての力もありません。

山口誓子療養中の作品で、止むに止まれぬ無力感と絶望感が漂っています。

木枯しの行き着く果てを詠《うた》った池西言水《いけにしごんすい》「木枯《こがらし》の果《はて》はありけり海《うみ》の音《おと》」の句と呼応している趣《おもむき》もあります。

●**季語**　木枯（冬）

●**作者**　一九〇一（明治三四）～一九九四（平成六）年、京都生まれ。本名、新比古《ちかひこ》。戦後四八（昭和二三）年、「天狼」創刊。句集に『凍港』『激浪』、『山口誓子全集』など。

俳句って何？　**題詠《だいえい》って？**

句会などで俳句に詠む題を出して句作を競うことをいいます。

事前に出される題を兼題《けんだい》、句会当日のその場で出される題を席題《せきだい》といいます。

流産《りゅうざん》の妻《つま》よふたりの蛍《ほたる》の夜《よ》

長谷川素逝《はせがわそせい》

●解釈と鑑賞

蛍は昔から恋のたとえにされることが多いのです。この句は妻恋の句になっています。流産という出来事は妻だけでなく夫である作者自身にとっても悲しく、辛いことにちがいありません。とりわけ妻には身に沁《し》みて感じられていることを察し、今夜は二人きりで過ごしています。

蛍が冷たい光を発しながら静かに飛び交う様は、亡き子を思って、いっそう胸に迫るものがあります。

●季語　蛍（夏）

●作者　一九〇七（明治四〇）～一九四六（昭和二一）年、大阪府生まれ。本名、直次郎。句集に『砲車』『定本素逝句集』など。

俳句って何？　嘱目《しょくもく》って？

吟行《ぎんこう》などで、その場で目に触れた風物を俳句の中に詠み込んで句を作ることです。

そうして詠まれる句を嘱目吟《しょくもくぎん》といっています。

埋火《うずみび》や何《なに》を願《ねが》ひ《イ》の独《ひと》りごと

井上井月《いのうえせいげつ》

●解釈と鑑賞

埋火とは、灰の中に埋めた炭火のことで、かつての日本の家の台所の炉火鉢《ろひばち》に家を守る火種を絶やさないことは、妻の大切な役目の一つでした。

冷たく暗い台所で埋火を掻き出して炭を継ぎ足している冬の夜更け、たぶん女性でしょう。

物思いにふけっているのか、ふとした拍子に独り言が聞こえました。

どんな願いなのでしょうか。

できることなら、その願いがかなえられるとよいのですが。

●季語　埋火（冬）

●作者　一八二二（文政五）〜一八八七（明治二〇）年、越後長岡（現・新潟県）生まれ。本名、克三。別号、狂言道人。元長岡藩士。信州各地を漂泊。没後に『漂泊俳人井上井月全集』。

俳句って何？　HAIKU？

現在、俳句は海外ではHAIKUと五文字で書き表されるようになっています。

外国では季節にはこだわらない三行書きの自由律句が、俳句の大きな流れです。

算術《さんじゅつ》の少年《しょうねん》しのび泣《な》けり夏《なつ》

西東三鬼《さいとうさんき》

●解釈と鑑賞

「算術」は、戦前の小学校の教科の名前で、現在の「算数」です。

出題された算数の問題がどうしても解けずに少年が、人に気付かれないように、声も立てずにしくしく泣いています。

夏休みの宿題だったのでしょうか。

句の最後を〈夏〉と体言《たいげん》で止めて余情を生み出しています。

それぞれの少年少女時代を思い出させるようなノスタルジーを感じさせる情景の句です。

●季語　夏（夏）

●作者　一九〇〇（明治三三）～一九六二（昭和三七）年、岡山県生まれ。本名、斎藤敬直《けいちょく》。新興俳句運動に参加。句集に『旗』『西東三鬼全句集』など。

俳句って何？　体言止《たいげんど》めって？

一句の末尾を体言で終わらせることです。

句の末尾（座五《ざご》）を「かな」「けり」などの切字ではなく、普通名詞や固有名詞を置く、いわゆる名詞止めと同じ意味です。

跳箱《とびばこ》の突《つ》き手《て》一瞬《いっしゅん》冬《ふゆ》が来《く》る

友岡《ともおか》子郷《しきょう》

●解釈と鑑賞

冬の体育館、跳箱を跳ぶ瞬間の緊張感が何ともいえず心地よさを感じさせてくれます。跳躍板を踏んで、両手を跳箱のマットに突いた瞬間、心も体も一体となって躍動している様子を活写《かっしゃ》しています。

その瞬間、冬が来ていることを鮮烈に感じている作者と跳箱を跳んでいる若者との感情が一体化、一致したことを鮮やかに表現しています。

●季語　冬（冬）

●作者　一九三四（昭和九）年、兵庫県神戸市生まれ。本名、清。第二五回現代俳句協会賞受賞。句集に『遠方』など。

俳句って何？　**雑詠《ざつえい》って？**

題を定めて作る俳句に対して、自由に、何を詠んでもいいという意味で雑詠といいます。

作句する今の季節に限定する場合は「当季雑詠」といいます。

秋晴《あきばれ》の運動会《うんどうかい》をしてゐ《イ》るよ

富安風生《とみやすふうせい》

●解釈と鑑賞
秋のよく晴れた日、運動会のために打ち上げられる花火の音や、子どもたちの歓声が聞こえてきます。

近所の学校で運動会をしていたのでしょうか。

作者が学校の側を通って、運動会に遭遇したのでしょうか。

休日であれば、家族総出で子どもの応援にいきます。爽《さわ》やかな秋晴れの、まさに運動会日和です。

そんな秋の日、子どものころの楽しかった運動会を思い出しているのかも知れません。

●季語　秋晴（秋）

●作者　一八八五（明治一八）〜一九七九（昭和五四）年、愛知県生まれ。本名、謙次。句集に『草の花』『季題別・富安風生全句集』など。

俳句って何？　季重《きがさ》なりって？

前掲句の「秋晴」と「運動会」のように、一句に二つ以上の季語が入ることを「季重なり」といいます。歳時記では「運動会」は秋の季語です。作句上、季語が二つ重なると句の焦点がぼやけて悪いとされています。しかし、季重なりでも良い句はたくさんあります。

夏草《なつくさ》やベースボールの人遠《ひととお》し

正岡子規《まさおかしき》

●解釈と鑑賞

子規は野球が好きで、打者（バッター）、四球（フォアボール）などは、今に生きている子規の訳語です。「蒲公英《タンポポ》ヤボールコロゲテ通《トオ》リケリ」という野球の句も作っています。

夏草は生命力が強く、刈り取っても次々に生えてきます。夏草の野原の向こうでベースボールを楽しんでいる人が遠くに見えているのでしょう。

ただ、子規は、芭蕉の「夏草《なつくさ》や兵《つわもの》どもが夢《ゆめ》のあと」の句を思い浮かべていたかも知れません。「ベースボール程愉快にてみちたる戦争は他になかるべし」（『筆まかせ』）と書いているからです。

●季語　夏草（夏）

●作者　一八六七（慶応三）〜一九〇二（明治三五）年、伊予国温泉郡（現・愛媛県松山市）生まれ。本名、常規《つねのり》。幼名、処之助《ところのすけ》、または升《のぼる》。別号、竹《たけ》の里人《さとびと》、獺祭書屋主人《だっさいしょおくしゅじん》など。句集に『寒山落木』など。

俳句って何？　スポーツ俳句って？

スポーツを詠んだ句をスポーツ俳句といいます。古くは相撲、弓始めなど、現在では、水泳、スケート、ラグビー、サッカー、ゴルフ、野球のナイターなど、それぞれが季語になっています。

さくらんぼ笑《え》みで補《おぎな》ふ《ウ》語《ご》学力《がくりょく》

橋本美代子《はしもとみよこ》

●解釈と鑑賞

外国人と話をしているのでしょうか。語学はあまり得意ではありません。なかなか通じない会話、語学がもう少しできたらいいのに……。でも、そこは、身振り、手振り、微笑みで相手に伝わるものです。

とくに中七《なかしち》（五・七・五の中句の七。ちなみに、上《かみ》五《ご》、中七、下五《しもご》）「笑みで補ふ」とは、かわいい感じです。

上五《かみご》「さくらんぼ」で初々しい感じもあることがわかります。

主人公は若い女性ではないでしょうか。

●季語　さくらんぼ（春）

●作者　一九二五（大正一四）年、福岡県小倉市（現・北九州市）生まれ。本姓、柴山。橋本多佳子の四女。句集に『石階』『巻貝』など。

俳句って何？　**外国語で俳句を？**

語学の力が備わっていれば、英語、フランス語、スペイン語、何語で書いてもかまいません。

ふだん使っている日本語で書いた後、得意の外国の言葉を使って書いてみてはいかがでしょうか。

ラケットを振《ふ》るや遥《はる》かに海《うみ》は在《あ》る

林《はやし》　桂《けい》

●解釈と鑑賞

青空の下のテニスコート、ラケットを振った瞬間、広く大きな空はもちろん、その青い空の遥か彼方《かなた》に海が在ると感じられました。

青春の一コマのようなシーンです。テニスコートの場所は、学校の校庭でしょうか。クラブ活動で一所懸命汗を流しているのかも知れません。「在る」と漢字で表記したのは、自己の実存と海の実在を感受している、青春の多感さを想像させます。

●季語　なし（無季）

●作者　一九五三（昭和二八）年、群馬県生まれ。本名、政美。「鬣TATEGAMI」同人。句集に『銅の時代』『風の國』、評論集に『船長の行方』など。

俳句って何？　俳句は挨拶？

俳諧連句の時代には、客から主人への挨拶として発句が作られ、発句を受けて主人から客へ答える脇句《わきく》が作られました。高浜虚子は、この挨拶を「存問《そんもん》」と言い、「お暑うございます」などの日常の存問が俳句だと言っています。

天空《てんくう》に大書《たいしょ》し小学生《しょうがくせい》昏《く》れゆけり

和田悟朗《わだごろう》

●作者　一九二三（大正一二）年、兵庫県武庫郡（現・神戸市）生まれ。「風来」代表。句集に『七十万年』『法隆寺伝承』など。

●解釈と鑑賞
大空に向かって何を書いたのでしょうか。ノートや黒板に書くようにではなく、気持ちも大きく、ゆったりと虚空《こくう》に指を使ってしっかり書いているのです。

それが、小学生であるという不思議さ。まだまだこれから成長する小学生、小さな体と大きな空、やがて暮れゆく黄昏《たそがれ》の中で、大人になった時の大きな希望や夢を抱いている小学生の姿が「大書し」に描き出されています。

●季語　なし（無季）

俳句って何？　口語《こうご》俳句って？


もっぱら読み書きのための書き言葉が文語、話し言葉によく用いられる言葉が口語です。

口語で書かれた俳句を口語俳句といい、そのルーツは河東碧梧桐の新傾向俳句にあります。

ピアニカを吹《ふ》き鳴《な》らしては更衣《ころもがえ》

岩田麻紀《いわたまき》

●解釈と鑑賞
ピアニカはメーカーの商標名、正しくは鍵盤《けんばん》ハーモニカ。力いっぱい吹く力と指で演奏します。「吹き鳴らしては」に作者の弾むような心も表されています。

冬の服装から夏物の軽い服装に着替えると、心も軽くなった気分です。

新鮮な清々しさを感じさせる季語「更衣」と上手くマッチした思春期のひとこまが詠い上げられています。

●季語　更衣（夏）

●作者　一九九一（平成三）年、愛知県生まれ。

俳句って何？　即興《そっきょう》って？

山本健吉は「俳句は滑稽なり、俳句は挨拶なり、俳句は即興なり」と言っています。

また、石田波郷は「打座即刻《だざそっこく》のうた也《なり》」と即興と同様に見ています。

句会での即吟《そくぎん》も即興と同じです。

百貨店《ひゃっかてん》めぐる着《き》ぶくれ一《いち》家族《かぞく》

草間時彦《くさまときひこ》

●解釈と鑑賞

日本の高度成長期、百貨店（デパート）で買物をするのは、ちょっとした贅沢《ぜいたく》でした。

寒さを防ぐために何枚も重ね着をして、体がふくれ太って見えることを着ぶくれといいます。親子兄妹、いかにも着ぶくれた家族がデパートでショッピングをしている光景に出くわしたのでしょう。

一家は豊かで楽しそうですが、太って窮屈《きゅうくつ》な感じに、滑稽さを感じてもいます。

●季語　着ぶくれ（冬）

●作者　一九二〇（大正九）～二〇〇三（平成一五）年、東京生まれ。大磯町鴫立庵第二一世庵主。句集に『中年』『櫻山』、評論集に『伝統の終末』など。

俳句って何？　**俳句は横書きでも？**

普通は縦書きですが、現代社会では、横書きでノートも取るし、事務用の文書も多くが横書き、A4サイズが公式文書になり、俳句も横書きで書く人も増えています。

さすがに色紙、短冊に横書きで書く人は、まだ、いないようです。

雪柳《ゆきやなぎ》やはらかく《ワ》行《ゆ》く父《ちち》と母《はは》

妹尾《せのお》　健《けん》

●解釈と鑑賞

春のやわらかな日差しの中、お互いをいたわるように並んで歩く父と母。

結婚して家庭を持ったら、父母のような夫婦になれたらいいなと思う。いや、すでに家庭を持っているのかも知れません。

いずれにしても、父母に対する敬いの気持ちがあふれています。

道には、細い枝に雪の降りかかったように小さく群れて咲く雪柳の白い花が、やわらかく、父母の仲の良い関係のように咲いていました。

●季語　雪柳（春）

●作者　一九四八（昭和二三）年、兵庫県伊丹市生まれ。「草樹」創刊同人。句集に『綴喜野』『洛南』、評論集に『詩美と詩魂』など。

俳句って何？　座《ざ》って何？

俳諧の興行をする際の会席を、「一座」と呼んでいました。

現在では、句会や俳句の結社《けっしゃ》を共にする仲間の共同の場という意味で用いられています。

俳句が、「座の文芸」ともいわれる所以《ゆえん》です。

卒業《そつぎょう》の兄《あに》と来《き》てゐ《イ》る堤《つつみ》かな

芝不器男《しばふきお》

●解釈と鑑賞

卒業式を終えた兄と近くの堤に来て、草の上に座って川の流れを眺め、遠くの山々を一緒に見ているのでしょうか。

兄には、学業を終えた安堵感《あんどかん》とこれからの進路に対する希望、様々な思いがあるでしょう。

兄は、そうした思いと今後の抱負《ほうふ》を弟に語っているのでしょう。

卒業の喜び、友人や先生との別れの時には、希望と同時に、少し感傷的な気分もあるかも知れません。

●季語　卒業（春）

●作者　一九〇三（明治三六）～一九三〇（昭和五）年、愛媛県明春村（現・松野町）生まれ。本名、太宰不器男。肉腫のため二六歳で死去。句集に『不器男句集』など。

俳句って何？　連衆《れんじゅう》って？

連衆は〈れんじゅ〉ともいいますが、今では同じ俳句結社に所属している仲間という意味で用いられていることが多いようです。

連衆の集まりが「座」です。

夏《なつ》の山国《やまぐに》母《はは》いてわれを与太《よた》と言《い》う

金子《かね こ》兜太《とう た》

●解釈と鑑賞

「与太」というのは、落語の与太郎から出た言葉ですが、役に立たない者、愚か者という意味があります。この句では愛情を込めて母は与太と言っています。作者もそのことに母の愛情を感じています。

金子兜太にはほかにも「おうおうと童女《どうじょ》の老母夏《ろうぼなつ》の家《いえ》」など多くの母を詠んだ句があります。

「夏の山国」で、青々とした山に囲まれ、開け放たれた開放的な家も想像されます。

●季語　夏（夏）

●作者　一九一九（大正八）年、埼玉県小川町生まれ。芸術院賞受賞。句集に『少年』『金子兜太句集』、評論集に『定型の詩法』『俳句の本質』など。

俳句って何？　前衛《ぜんえい》俳句って？

昭和三〇年代、金子兜太の「造型俳句論」を柱にした「社会性俳句」、また、高柳重信《しげのぶ》、赤尾兜子《とうし》など、季語、定型にこだわらない傾向の俳句が前衛俳句運動と呼ばれました。

秋雨《あきさめ》に児《こ》は叱《しか》れども寝顔《ねがお》かな

野村泊月《のむらはくげつ》

●解釈と鑑賞

秋雨は秋霖《しゅうりん》ともいい、梅雨のように長く降り続くことが多く、寒々と物さびしい感じが伴います。

一日中、雨に降り籠《こ》められ、家にいることが多くなると、子どもは退屈して、悪戯《いたずら》したりするものです。いらいらして、たいしたことでもないのに子どもを強く叱ったのでしょう。

叱られて、すやすやと寝入った子どもの顔を見ると悔いと愛しさが込み上げてきた作者の親心が描かれています。

●季語　秋雨（秋）

●作者　一八八二（明治一五）～一九六一（昭和三六）年、兵庫県竹田村（現・丹波市）生まれ。句集に『比叡』『定本泊月句集』。

俳句って何？　披講《ひこう》って？

句会では、選ばれた句が読み上げられます。

読み上げる人を披講者といい、俳句が調子を整えられて読み上げられると、句が立派に聞こえ、俳句を目で読むのと違う気分を味わうことができます。

灯《ひ》をともし潤子《じゅんこ》のや《ヨ》うな小《ちい》さいランプ

富澤赤黄男《とみざわかきお》

●解釈と鑑賞

この句は、ランプという題に「潤子よお父さんは小さい支那《しな》のランプを拾つ《ッ》たよ」の詞書が付された、一連八句の中の一句です。

作者は日中戦争で中国大陸に従軍していました。遠い戦場での小さいランプ。娘の潤子を思い出して灯を点《とも》します。

残してきた幼い娘を思う親の深い愛情が感じられます。

潤子は赤黄男の長女で小学校に入学したばかりでした。

●季語　なし（無季）

●作者　一九〇二（明治三五）〜一九六二（昭和三七）年、愛媛県西宇和郡川之石村（現・八幡浜市）生まれ。本名、正三。句集に『富澤赤黄男全句集』など。

俳句って何?

宗匠《そうしょう》と主宰《しゅさい》の違い?

俳句の結社を代表するということでは同じですが、宗匠は連句の指導者、主宰は俳句の指導者のことです。現在でも、宗匠は立机式《りっきしき》という儀式で認定され、何代目という名称が与えられます。

枇《び》杷《わ》剥《む》くや「大《おお》きくなつ《ッ》たらおかあさん」　山《やま》下《した》知《ち》津《づ》子《こ》

●解釈と鑑賞

黄色く大きな枇杷の実、その枇杷の皮を剥いて、子どもの食べやすいようにしているのでしょう。

その枇杷の実を与えた瞬間、子どもが「大きくなったらお母さんになるんだ」と母に言ったのです。

子どもには自分を大事にしてくれる母の存在が誰よりも立派に、大切に思えています。

母も子どもを愛おしく思い、幸福感にあふれた瞬間かも知れません。

●季語　枇杷（夏）

●作者　一九五〇（昭和二五）年、神奈川県生まれ。野澤節子に師事。『麟』発行人。句集に『文七』『髪膚』など。

俳句って何？　第二芸術論って？

一九四六年、桑原武夫が総合雑誌「世界」一一月号に「第二芸術―現代俳句について―」を発表し、大家と素人の作品の区別がつかないとして、「第二芸術」とでも呼んで他の芸術と区別すべしといい、物議をかもした論です。

万緑《ばんりょく》の中《なか》や吾子《あこ》の歯生《はは》え初《そ》むる

中村草田男《なかむらくさたお》

●解釈と鑑賞
草田男は妻子の句を多く詠みました。「万緑」という季語は草田男が創った造語で、急速に夏の季語として広まり定着しました。

緑の葉ですべてがおおい尽される夏、そのあふれる生命力を万緑と名づけました。

万緑と、生後、歯の生え始めた赤ん坊の白い歯との対比が鮮やかです。

赤ん坊の生き生きとした元気いっぱいの様子がうかがえます。

●季語　万緑（夏）

●作者　一九〇一（明治三四）〜一九八三（昭和五八）年、中国福建省廈門《アモイ》の日本領事館生まれ。本名、清一郎。句集に『長子』『銀河以前』、メルヘン集『風船の使者』。

俳句って何？　社会性俳句って？

昭和二八年、「俳句」の編集長・大野林火《りんか》が「俳句と社会性の吟味」という特集を組み、社会的な問題を俳句に詠むことの是非が話題になりました。そのころ、平和や貧困、労働など多岐にわたる生活の問題も横たわっていました。

夏蜜柑《なつみかん》胎《はら》の子供《こども》のよくうごく

岸本尚毅《きしもとなおき》

●解釈と鑑賞
お腹の子がだんだん成長し、お腹を蹴ったり、よく動くのでしょう。

順調に育っているお腹の子の様子に両親の喜びが感じられます。

無事に生まれてほしいという願いがうかがえます。

妊娠中は酸っぱいものが欲しくなるといわれますが、この時期の夏蜜柑の酸っぱさは母親をとても元気にさせます。

●季語　夏蜜柑（夏）

●作者　一九六一（昭和三六）年、岡山県和気町生まれ。句集に『鶏頭』『瞬』『健啖』、エッセイに『名句十二ヶ月』など。

俳句って何？　四S《よんエス》って？

一九二八（昭和三）年、「ホトトギス」の講演会で山口青邨《せいそん》が「東に秋素の二Sあり、西に青誓の二Sあり」と推賞したことから四Sと呼ばれるようになりました。四Sとは、水原秋櫻子、高野素十《すじゅう》、阿波野青畝《せいほ》、山口誓子のことです。

兄《あに》いもとひとつの凧《たこ》をあげにけり

安住《あずみ》　敦《あつし》

●解釈と鑑賞

「ひとつの凧を」ですから、一本の凧糸を兄妹で一緒に持って凧あげをしています。

中七・下五「ひとつの凧をあげにけり」という表現に兄妹の仲の良さがよく表されています。

今ではゲーム機など室内の遊びが多くなりました。凧あげは、もともとは子どもの遊戯ではなく、凧合戦で村の地区同士の対抗競技で、陽春の候に行われました。

現在では、正月に行うところが多くなっています。

●季語　凧あげ（春）

●作者　一九〇四（明治四〇）～一九八八（昭和六三）年、東京生まれ。句集に『まづしき饗宴』『柿の木坂雑唱』、随筆に『春夏秋冬帖』など。

俳句って何？　四T《よんティー》って？

四Tは、四Sにならって、山本健吉が、女性俳人（当時は女流俳人）の中村汀女《ていじょ》、星野立子《たつこ》、橋本多佳子、三橋鷹女《たかじょ》の共通のイニシャルTから命名したものです。

名月《めいげつ》をとつてくれろと泣《な》く子《こ》かな

小林一茶《こばやしいっさ》

●解釈と鑑賞

一茶の最初の案は、上五に「あの月を」でした。きっと「あの月をとってよー、欲しいよ」と子どもが駄々をこねているのでしょう。子どもにとって素敵な満月だったにちがいありません。

上五を「名月を」に推敲《すいこう》、改作して、名月を見る大人と泣く子の情景が広がりました。駄々をこねる、その子を困りながらも愛おしく思っている父親の姿が目に浮かびます。

●季語　名月（秋）

●作者　一七六三（宝暦一三）～一八二七（文政一〇）年、信濃国柏原（現・長野県）生まれ。江戸後期の俳人。本名、弥太郎。（著作は一三ページ参照）

俳句って何？　回文《かいぶん》の句って？

「新聞紙《しんぶんし》」のように、上下、どちらから読んでも同じ読みになる文章を回文といい、一句が上から読んでも、下から読んでも同じになる句のことを回文句といいます。

「松《まつ》の木《き》のむめやなやめん軒《のき》のつま」（野々口立圃《りゅうほ》『そらつぶて』）。

赤《あか》ん坊《ぼう》の蹠《アウラ》まつかに泣《な》きじやくる

篠原鳳作《しのはらほうさく》

●解釈と鑑賞

泣きじゃくる赤ん坊は、小さな体全体で何ごとかを訴えているのでしょう。

顔も体もまっ赤になりながら、とりわけ、白い小さな足の裏までまっ赤にして泣いています。

この句は「赤ん坊Ⅰ」と題された連作の中の一句です。

同じ連作の中で「にぎりしめにぎりしめし掌《て》に何《なに》もなき」の句もあります。

いずれも無季の俳句ですが、生まれ出た子の無垢《むく》な生命力への賛美と愛情が感じられます。

●季語　なし（無季）

●作者　一九〇五（明治三八）〜一九三六（昭和一一）年、鹿児島市生まれ。本名、国堅。吉岡禅寺洞に師事、「傘火」を創刊し、無季俳句、生活俳句を唱導した。『篠原鳳作全句文集』。

俳句って何？　連作って？

俳句をあるテーマで連続して作り、配列することです。連作の実験は、山口誓子から始まりますが、昭和三年、水原秋櫻子が「筑波山縁起」で連作を行い、一時期は俳句界のブームになりました。

やぶ入《いり》の寝《ね》るやひとりの親《おや》の側《そば》

炭《たん》　太祇《たいぎ》

●解釈と鑑賞

江戸時代「薮入《やぶいり》」は、正月十六日に丁稚奉公《でっちぼうこう》をしていた奉公《ほうこう》先から一日一夜の休暇をもらって親元に帰省する日でした。

まだ童顔の残る少年、それも親一人、子一人のたった二人の家族です。

つらい住み込み奉公生活の苦労話をする時間もありませんが、母の側に並んで、たった一晩でも安心して一緒に寝る嬉しさは少年にとって特別です。

少年の望郷の念と母恋しさ、同時に愛しい子どもへの母の感傷が感じられます。

●季語　薮入（新年）

●作者　一七〇九（宝永六）〜一七七一（明和八）年、江戸生まれ。江戸中期の俳人。京都島原に住み、号は不夜庵。句集に『太祇句選』。

俳句って何？　俳諧って？

俳諧は俳諧の連歌の略称です。長句（五・七・五）と短句（七・七）を交互に百句連ねる百韻《ひゃくいん》、三十六句連ねる三十六歌仙《かせん》がありま す。俳諧の第一句が発句で、発句が独立して、明治時代に俳句と呼ばれるようになりました。

雪《ゆき》とけて村《むら》一《いっ》ぱいの子《こ》どもかな

小林《こばやし》一茶《いっさ》

●解釈と鑑賞

豪雪《ごうせつ》に閉ざされていた雪国にも、ようやく雪解けの季節がやってきました。

春です。

今まで家に閉じ籠《こ》もっていた子どもたちが、戸外に飛び出してきて村中で遊んでいます。

「村一ぱいの」という表現に、江戸時代の元気で嬉しそうに遊ぶ子どもたちの表情、明るい顔が目に浮かんできます。

●季語　雪解け（春）

●作者　一七六三（宝暦一三）～一八二七（文政一〇）年、信濃国（現・長野県）柏原生まれ。江戸後期の俳人。本名、弥太郎。俳文に『おらが春』『七番日記』、句集に『一茶発句集』など。

俳句って何？　俳枕《はいまくら》って？

短歌では歌枕ですが、俳句における名所のことを俳枕といいます。

例えば、芭蕉の「荒海《あらうみ》や佐渡《さど》に横《よこ》たふ《ウ》天河《あまのがわ》」の句の「佐渡島」がそうです。

春《はる》の雨《あめ》居《い》るかといへ《エ》ば居《い》るといふ《ウ》

巌谷小波《いわやさざなみ》

●解釈と鑑賞

春に降る雨は、草や木を成長させる雨で、花や木の芽を待ちわびる心が宿っています。その期待感が、人恋しくもさせ、友人を訪ねていきたい気持ちにもさせます。

友人宅を訪ね、玄関、軒先から家の中をのぞくようにして「おーい、居るか」と声をあげてたずねたのでしょう。

家の中から「居るよ」、「上がってこいよ」とでも返事がありました。友人を訪ねた嬉しさが心を弾ませています。

●季語　春の雨（春）

●作者　一八〇七（明治三）〜一九三三（昭和八）年、東京生まれ。本名、季雄《すえお》。別号、漣山人、楽天居など。小説家、児童文学者。句集に『さゝら波』など。

俳句って何？　俳言《はいごん》って？

俳諧に用いられる特有の言葉のことです。和歌に用いられなかった言葉のことで、例えば、俗語、はやり言葉、漢語、田舎《いなか》言葉など和歌の雅な世界にはない、庶民の言葉のことです。

文学《ぶんがく》はつらし少年《しょうねん》の日《ひ》の友《とも》よ

下村《しもむら》槐太《かいた》

●解釈と鑑賞

少年時代、無邪気《むじゃき》に遊んだ日々、その無心に楽しかった日々を思い出すにつけ、今、文学を志している自分の悩みは深く、つらい気持ちをどうすることもできません。

少年の日々を一緒に過ごした友は、今、何をしているのだろうかとふと思い出しているのでしょう。その友も共に志を持っているのでしょうか。

つらい現実を乗り越えるには、楽しかった日々の思い出が力になるといえます。

●季語　なし（無季）

●作者　一九一〇（明治四三）〜一九六六（昭和四一）年、大阪府生まれ。句集に『光背』『下村槐太全句集』など。

俳句って何？　俳文って？

俳文の特徴は滑稽《こっけい》でユーモア、おかしみのある文章ということでしょうが、現在では、俳句作品と散文がセットで書かれた軽妙、洒脱なエッセイのことを指していわれることが多いようです。

竹馬《たけうま》やいろはにほへとちり〲《ヂリ》に

久保田万太郎《くぼたまんたろう》

●解釈と鑑賞

竹馬で遊んでいた子どもたちが、夕暮れ時、一人ひとり散っていくようにそれぞれの家に帰っていく様子を、いろは歌「いろはにほへとちりぬるをわか……」を下敷（本歌取り）にして、「ちりぢりに」と転じて、夕暮れのさびしさを表現しています。

また「竹馬や」に古い言葉ですが、「竹馬《ちくば》の友」、幼な友だちを思い出していると想像することもできます。

●季語　竹馬（冬）

●作者　一八八九（明治二二）～一九六三（昭和三八）年、東京生まれ。号は暮雨。劇作家・小説家。「春燈」創刊・主宰。句集に『道芝』、『久保田万太郎全集』など。

俳句って何?　**本歌取りって?**

和歌や連歌などで、意識的に先人の作った歌の語句や用語を取り入れて歌を作ることをいいます。

かくれんぼ三《みっ》つかぞえて冬《ふゆ》となる

寺山修司《てらやましゅうじ》

●解釈と鑑賞

かくれんぼをして遊んでいます。

鬼が目隠しをしてひと～つ、ふた～つ、みい～っつ、と数えて、パッと目隠しをとった瞬間に、誰もいなくなってしまったような錯覚と、目の前に広がる荒涼とした冬のさびしい風景。

三つ数えている間に秋から一気に冬が来てしまったような季節の変化を表現しています。

季節の急な変化の感覚は、置いてけぼりをくったようなさびしさを感じさせます。

●季語　冬（冬）

●作者　一九三五（昭和一〇）～一九八三（昭和五八）年、青森県弘前市生まれ。劇作家・詩人。十代で俳壇や歌壇に登場した。句集に『花粉航海』など。

俳句って何?　さびって?

芭蕉が「さびしさをあるじなるべし」とした「さびしさ」（閑寂《かんじゃく》）を求める境地のことです。

芭蕉の先人に「さび」の美を追求した歌人の西行《さいぎょう》がいます。

とんぼ連《つ》れて味方《みかた》あつまる山《やま》の国《くに》

阿部完市《あべかんいち》

●**解釈と鑑賞**

山々に囲まれた山の国、秋の気配と一緒にトンボがたくさん飛んでいます。

トンボは子どもたちの頭か肩と同じくらいの高さに飛んでいるのでしょう。その様子は、子どもたちがトンボを連れ歩いているように見えます。

遊び仲間たちが集まってきます。みんな味方です。楽しく遊べる仲間です。

気持ちのいい風が子どもたちの頬をなでていることでしょう。

●**季語**　とんぼ（秋）

●**作者**　一九二八（昭和三）～二〇〇九（平成二一）年、東京生まれ。第一七回現代俳句協会賞受賞。句集に『絵本の空』『阿部完市全句集』など。

俳句って何？　わびって？

茶道でいう「わび」のことです。芭蕉は「利休《りきゅう》が茶における、その貫通するものは一なり」とその美の理念を追求しました。「のざらし紀行」の旅に出る前には草庵で「わび」の生活をしています。

葡萄《ぶどう》あましづかに友《とも》の死《し》をいかる

西東三鬼《さいとうさんき》

●解釈と鑑賞

三鬼は、自句自解で「『友』は篠原鳳作。手紙だけの友であったが、彼の突然の死は、新しい俳句を打立てようとして一生懸命だった私には強い衝撃を与えた。悲しむよりはむしろ腹立たしかった」（原文・旧仮名）と記しています。

鳳作は、新興俳句の期待された俳人でしたが、三〇歳の若さで亡くなりました。口に含んだ葡萄のあまさが、友への思いを深めさせます。

上句《かみく》「葡萄あまし」は六音、一音の字余りです。そこに作者の無念さが込められています。

●季語　葡萄（秋）

●作者　一九〇〇（明治三三）〜一九六二（昭和三七）年、岡山県生まれ。本名、斎藤敬直。三五年「京大俳句」に入り、新興俳句運動に参加。句集に『旗』『西東三鬼全句集』など。

俳句って何？　字余りって？

俳句の定型は五・七・五の十七音です。十七音以上になるものを字余り、満たない・足らないものを字足らず、といっています。

定型のリズムではないものを破《は》調《ちょう》といいます。

再会《さいかい》の友《とも》よ花野《はなの》に綱引《つなひ》かむ

仁平《にひら》　勝《まさる》

●解釈と鑑賞
　野の花が一面に咲いている草原、花野で久しぶりに会った友人と綱引きをしようというのでしょうか。

　懐かしい時間と、一緒に何かをしようという行為を、綱引きに象徴させて表現しています。

　ただ力比べをする運動会のように、綱引きをしているととらえてもよいでしょう。

　かつて共に過ごした友との時間が一挙によみがえってきます。

●季語　花野（秋）

●作者　一九四九（昭和二四）年、東京生まれ。サントリー学芸賞受賞。句集に『花盗人』『東京物語』、評論集に『俳句が文学になるとき』など。

俳句って何？　贈答句《ぞうとうく》って？


　俳句は挨拶の文芸ともいわれています。

　冠婚葬祭や交際の節目などで俳句を作って贈り、贈られた句に対して俳句を作って答えるのが贈答句です。

早春《そうしゅん》やラヂ《ジ》オドラマに友《とも》のこゑ《エ》

石田波郷《いしだはきょう》

●解釈と鑑賞

冬の気配がまだ残っているのですが、春めく感じのする季節になっています。

寒さが残っているとはいえ、春の明るい日差しが感じられる部屋で、ラジオドラマを聞いていると、友人の声が聞こえてきました。

思わず、懐かしさや親しさが込み上げてきます。

かつて、ラジオドラマは人気でした。

現在なら、さしずめテレビドラマに昔の友人の姿を認めた驚きと同じことでしょう。

●季語　早春（春）

●作者　一九一三（大正二）～一九六九（昭和四四）年、愛媛県温泉郡（現・松山市）生まれ。本名、哲夫。句集に『鶴の眼』『借命』、著書に『江東歳時記』など。

俳句って何？　巻頭句って？

俳句の結社で、会員の投句《とうく》が主宰者に選句され、投句欄の第一席に選ばれ、最初に掲載される作品のことを巻頭句といいます。

大学《だいがく》も葵祭《あおいまつり》のきのふけふ《ウキョウ》

田中裕明《たなかひろあき》

●解釈と鑑賞

作者は京都大学の学生でした。入学後まもなく、学生同士の語らいやクラブ活動でにぎやかな忙しい日々を過ごしているのでしょう。まるで毎日が祭のように感じられたのかも知れません。

葵祭は京都の三大祭の一つで、五月一五日に行われる上賀茂神社と下鴨神社の二社の例祭です。昔、京都では祭といえば葵祭のことを指していました。

●季語　葵祭（夏）

●作者　一九五九（昭和三四）〜二〇〇四（平成一六）年、大阪府大阪市生まれ。波多野爽波に師事。句集に『花間一壺』『田中裕明全句集』。

俳句って何？　添削《てんさく》って？

俳句の結社の主宰に、作品を見てもらい、言葉を添えたり削ったりして、指導してもらうことです。

添削料を支払うように定めている結社もあります。句の上達のための仕組みの一つです。

さくらんぼ片思《かたおも》いから抜《ぬ》けられず

池野《いけの》陽子《ようこ》

●解釈と鑑賞

さくらんぼは、寒冷な気候を好むので、信州や東北地方、とくに山形県が産地として有名です。直径二センチほどの光沢のある赤い実は、甘い果汁と共に、郷愁を誘う気持ちを起こさせます。

初恋の味などといわれていますが、「片思いから抜けられず」のフレーズにもそうした気分が表現されています。

いかにも青春の香気のする句です。

●季語　さくらんぼ（夏）

●作者　一九九一（平成三）年、愛知県生まれ。

俳句って何?

漢詩から生まれた季語がある?

日本の文化は、古来、中国からの渡来文化に大きな影響を受けています。

例えば、北宋の画家郭熙《かくき》の「春山は淡冶《たんや》にして笑うがごとく、夏山は蒼翠《そうすい》にして滴《したた》るがごとし」から生まれた季語「山笑う」（春）、「山滴る」（夏）などがあります。

戦争《せんそう》が廊下《ろうか》の奥《おく》に立《た》つ《ッ》てゐ《イ》た

渡邊白泉《わたなべはくせん》

●解釈と鑑賞

昭和一四年の作。同じ時期の作品に「憲兵《けんぺい》の前《まえ》で滑《すべ》つ《ッ》て転《ころ》んぢ《ジ》や《ャ》つ《ッ》た」があります。

このころ、日本は中国大陸への侵攻を行い、若者はいつ戦争に駆り出されるかわからない不安な日々を過ごしていました。

日本軍の参謀本部では戦争遂行のための重要な会議が行われています。その部屋は廊下の奥にあり、歩《ほ》哨《しょう》が立って厳しい監視をしています。

花鳥諷詠《かちょうふうえい》の俳句ではなく、戦争が俳句の主題になることを証明した記念碑的な作品です。

●季語　なし（無季）

●作者　一九一三（大正二）〜一九六九（昭和四四）年、東京生まれ。本名、威徳《たけのり》。句集に『渡邊白泉全句集』。

俳句って何？　時事《じじ》俳句って？

時事問題を扱った俳句のことですが、戦前の新興俳句運動の戦争を素材とした俳句や戦後の社会問題を素材とした社会性俳句などがあります。

現在では機会詩の一つに含められています。

千人針《せんにんばり》はづして母《はは》よ湯《ゆ》が熱《あつ》き

●解釈と鑑賞

「千人針」は、一片の布に、母や妻、千人の女性が赤い糸で一針ずつ縫って、千個の縫玉を作り、戦争へ出征していく兵士に持たせ、武運や安泰を祈ったお守りです。

戦地での兵舎の入浴の時でしょうか、腹に巻いた千人針を外して入ったお風呂で、湯の熱さを感じ、見送ってくれた母や家族のことを思い出し、千人針に込められた無事への祈りに感謝の気持ちを抱きました。

「母よ」の詠嘆に、郷愁《きょうしゅう》と慟哭《どうこく》が潜んでいます。

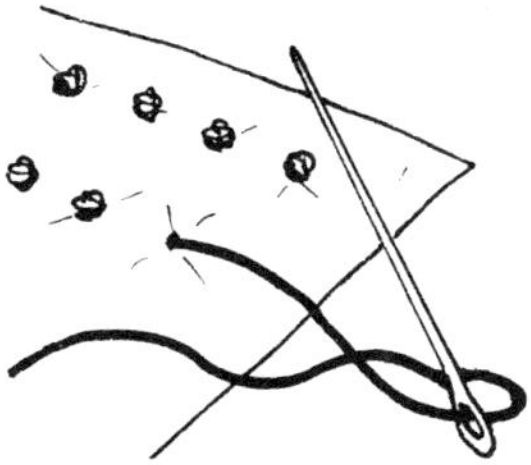

●季語　なし（無季）

片山桃史《かたやまとうし》

●作者　一九一一（明治一四）〜一九四四（昭和四四）年、兵庫県黒井村（現・丹波市春日町）生まれ。本名、隆夫。東部ニューギニアで戦死。句集に『北方兵団』『片山桃史集』。

俳句って何？　写生って？

中国の画法の用語で、明治以後は西洋画のデッサン、スケッチの訳語になっています。

画家・中村不折《ふせつ》と親交のあった正岡子規が俳句革新の方法として「写生論」を取り入れました。

遺品《いひん》あり岩波文庫《いわなみぶんこ》『阿部一族《あべいちぞく》』

鈴木六林男《すずきむりお》

●解釈と鑑賞

昭和一七年作。戦死した兵士を詠った句です。兵士たちは、玉砕《ぎょくさい》し全滅の悲劇さえありました。中には兵士たちの遺骨さえ届けられないことがありました。兵士の遺品の中に、森鷗外《おうがい》著『阿部一族』（岩波文庫）がありました。

「安部一族」の物語は、主君の死に際して殉死《じゅんし》を願い出ても、許されず、それでも死を選び、殉死として讃《たた》えられないという悲劇です。

『阿部一族』をふところに闘った兵士の死、ここに作者の戦争における死に対する眼差しが感じられます。

●季語　なし（無季）

●作者　一九一九（大正八）～二〇〇四（平成一六）年、大阪府山滝村（現・岸和田市）生まれ。本名、次郎。第二九回蛇笏賞受賞、第二回現代俳句大賞受賞。句集に『荒天』『鈴木六林男全句集』など。

俳句って何？　**真実感合って？**

加藤楸邨の造語です。「単なる客観の描写や単なる主観の詠嘆を超えた主客浸透・真実感合の境に入る」と述べ、人間と自然の双方が浸透しあうことを提唱しています。

いっせいに柱《はしら》の燃《も》ゆる都《みやこ》かな

三橋《みつはし》敏雄《としお》

●解釈と鑑賞
戦時中、爆撃によって多くの都市が戦火にさらされました。

家々の柱が燃え上がり、庶民の生活も多く灰塵《はいじん》に帰しました。

この句からは、燃える都という表現によって、過去と現在、古今東西の各国の都市を思い浮かべることもできます。

実際には、この句は昭和二〇年、空襲を受けた東京の焦土に立って詠まれました。

●季語　なし（無季）

●作者　一九二〇（大正九）〜二〇〇一（平成一三）年、東京生まれ。句集に『真神』『疊の上』『しだらでん』など。

俳句って何？　**戦後俳句って？**

一般的には、時代区分として太平洋戦争後に作られた俳句を指しています。また、敗戦の経験を経て意識の面、表現上でも従来にない新しい俳句をめざし、自然諷詠第一主義を克服しようとする俳句のことをいう場合があります。

いくさよあるな麦生《むぎふ》に金貨天降《きんかあまふ》るとも

中村草田男《なかむらくさたお》

●解釈と鑑賞

戦後の民主化運動が高揚した中で、朝鮮戦争が起き、二度と悲惨な戦争は繰り返さない、平和を守ろうという国民的な願いをすなおに言葉にしたフレーズが「いくさよあるな」です。

麦生は麦の生えているところ。麦を収穫する麦秋《ばくしゅう》の季節を迎え、麦畑は黄金のように輝き、金貨が天から降ってきているような光景ともとれますが、金貨はキリスト教において、受難のシンボルでもあります。たとえ金貨（輝かしい戦果、利益）が撒き散らされても戦争は嫌だと、決意と願いを表しています。

●季語　麦秋（夏）

●作者　一九〇一（明治三四）～一九八三（昭和五八）年、中国福建省廈門の日本領事館生まれ。本名、清一郎。句集に『長子』『銀河以前』、メルヘン集『風船の使者』など。

俳句って何？　麦秋って？

普通は「バクシュウ」と読みますが、「ムギアキ」の場合もあります。「秋」は本来、成熟の秋《トキ》、収穫の時を意味します。似た言葉に「竹の秋」がありますが、この場合の「秋」は凋落《ちょうらく》の時のことです。

戦病《せんびょう》の夜《よ》をこほ《オ》ろぎの影《かげ》太《ふと》し

佐藤《さとう》鬼房《おにふさ》

●解釈と鑑賞

戦地で戦病者は何の役にも立たない、むしろ足手まといの邪魔《じゃま》な存在でしかありません。

更《ふ》けていく夜に、コオロギの音が聞こえ、目をやるとわずかな明かりに、コオロギの影が映って見えたのでしょう。小さなコオロギの影にも生命を感じ、「影太し」と表現しました。

同時に大きな不安の影でもあります。戦闘に参加できないことを内心恥じているのかも知れません。

じっと夜の暗さに耐え、生命を大切に思っている作者がいます。

●季語　こおろぎ（秋）

●作者　一九一九（大正八）～二〇〇二（平成一四）年、岩手県釜石市生まれ。本名、喜太郎。第二七回蛇笏賞受賞。句集に『名もなき日夜』『佐藤鬼房全句集』など。

俳句って何？　**戦場俳句って？**

広義には、古今の戦場での有様を詠んだ俳句のことです。

狭義には、日清、日露、日中戦争、太平洋戦争の戦争吟《せんそうぎん》のことです。

左義長《さぎちょう》や武器《ぶき》という武器焼《ぶきや》いてしまえ

金子兜太《かねことうた》

●解釈と鑑賞

左義長は、一般的に「どんど焼き」といわれる火祭の行事で、正月の注連飾《しめ》りや松飾り、また、書初めを焚《た》いたりします。

古くから、三本の竹、または木を三脚に組んでそれに松や注連飾りをくくり、燃やし、その煙にのっておおり正月様は帰っていくと考えられていたのです。

それと同じように戦争で使われる武器や人を傷つけるための武器はすべて、左義長の炎と一緒に焼いて天に帰して、平和に暮らしていこうというメッセージとなっています。

●季語　左義長（新年）

●作者　一九一九（大正八）年、埼玉県小川町生まれ。芸術院賞受賞。句集に『少年』『日常』、評論集に『定型の詩法』『俳句の本質』など。

俳句って何？

コマーシャル俳句？

ブランド名や商品名が詠み込まれている俳句です。

例えば、坪内稔典の「春《はる》の坂丸《さかまる》大《だい》ハムが泣《な》いている」「春昼《しゅんちゅう》の紀《き》文《ぶん》のちくわ穴《あな》ひとつ」「ボンカレー匂《にお》う三月逆上《さんがつさかあ》がり」などの句です。

雁《かりがね》やのこるものみな美《うつく》しき

石田波郷《いしだはきょう》

●**解釈と鑑賞**

この句には、波郷自身が書いた文章があります。「昭和十八年九月二十三日召集令状来。雁のきのうと夕とわかちなし。夕映が昨日のごとく美しかった。何もかも急に美しく眺められた。それら悉《ことごと》くを残してゆかねばならぬのであった」。（原文・旧仮名）

戦争に往けば、生きて帰ることはできないかも知れないという思いが、すべてを愛おしく美しく感じさせるのです。

美しい景色と共に、友人も家族も残して往くことへの無念さが伝わってきます。

●**季語**　雁（秋）

●**作者**　一九一三（大正二）～一九六九（昭和四四）年、愛媛県温泉郡（現・松山市）生まれ。本名、哲夫。句集に『鶴の眼』『借命』、著書に『江東歳時記』など。

俳句って何？　**戦争責任論？**

敗戦によって、俳人の戦争に対する責任が追及されました。この時、中村草田男は、日本文学報国会俳句部会の中心俳人や、俳誌「寒雷」において軍部俳人を厚遇したと、加藤楸邨を糾弾し、楸邨は便乗してはいないと弁明しました。

戦死《せんし》報《ほう》秋《あき》の日《ひ》くれてきたりけり

飯田《いいだ》蛇笏《だこつ》

●解釈と鑑賞
この句の前には「鵬生抄―金剛院文聰瑞雲鵬生居士」と題する長い前書が付いています。鵬生《ほうせい》は蛇笏の長男、昭和一九年一月に出征し、中国の戦線を経て、同年一二月、レイテ島上陸の闘いで戦死しました。

その戦死公報が届けられたのは戦後の昭和二二年八月になって、秋の日も暮れ切ってのことでした。「くれてきたりけり」には長男生存の一縷《いちる》の望みが絶たれた哀切《あいせつ》がこもっています。老人の蛇笏は人目もはばからず慟哭《どうこく》したと伝えられています。

●季語　秋の日（秋）

●作者　一八八五（明治一八）〜一九六二（昭和三七）年、山梨県五成村（現・笛吹市）生まれ。本名、武治。別号、山廬。句集に『山廬集』『飯田蛇笏全句集』など。

俳句って何？　俳句をひねる？

「ひねる」といういい方は昔の月並《つきなみ》俳諧ではよく使われました。また俳句を「詠む」といういい方、最近では文学と同じで「書く」というい方もされています。いずれも俳句を作ることです。

一片《いっぺん》のスプーン残《のこ》して捕虜死《ほりょし》せり

黒谷星音《くろたにせいおん》

●解釈と鑑賞

ソ連軍の捕虜になった日本人は、シベリアの強制収容所「ラーゲリ」に送られ、酷寒の中で、十分な食事も与えられず、過酷な強制労働を強いられました。現地で亡くなった人も多く、日ソが国交を回復する昭和三一年末まで、日本に帰国できない人もいました。

日々亡くなっていく仲間を見ながら、次は自分の番かも知れないという過酷さ、スプーンもやっとスープがすくえるような傷《いた》みの激しい粗末なものだと想像できます。

その「一片のスプーン」のみを残して逝《い》った捕虜の死。悲しみと絶望が表現されています。

●季語　なし（無季）

●作者　一九二一（大正一〇）年、島根県生まれ。本名、野尻（旧姓）秀利。一九四五（昭和二〇）年末より約二年半、シベリアで抑留生活を送る。句集に『うらがれ』『北旅』（シベリヤ句集）など。

俳句って何？　句日記？

高浜虚子が俳句を発表する際に用いたスタイルで、日記のように、俳句の前に日付や場所などの詞書を付けています。また、「ホトトギス」誌上で毎月「句日記」と題して発表していました。

眼《め》にあてて海《うみ》が透《す》くなり桜貝《さくらがい》

松本《まつもと》たかし

●**解釈と鑑賞**

砂浜で拾った薄く透き通るような淡いピンクの桜貝、その薄い貝殻の透明感は青い海が透けて見えるほどです。

桜貝の薄さ、美しさが、海の美しい色と重ねあわされ表現されています。

この句を読んだ後に、海に行って、桜貝を拾い、目にあててみれば、海が透くという気分が味わえるかも知れません。

●**季語**　桜貝（春）

●**作者**　一九〇六（明治三九）〜一九五六（昭和三一）年、東京生まれ、本名、孝。能役者。句集に『松本たかし句集』など。

俳句って何？　俳句王国？

愛媛県松山市は、「俳句王国」「俳都」などと呼ばれています。大きな理由は、俳句革新を行った正岡子規を生み、さらに俳句界をリードした高浜虚子、河東碧梧桐、中村草田男、石田波郷などの俳人を多数輩出したからでしょう。

バスを待《ま》ち大路《おおじ》の春《はる》をうたがわず

石田波郷《いしだはきょう》

●解釈と鑑賞

広い都会の道路、停留所でバスを待ちながら、春のやわらかく明るい日差しを感じ、ああ、春なんだなあ、と感じ入っています。

待ちこがれた春への思いはバスを待っている思いと重なり、疑いなく、このまま暖かい春が来るだろうという確信を抱いています。

この句が作られた昭和八年、バスは都会の目新しいモダンな乗りものでした。

波郷二〇歳、早春の都会の光景、清新で明るい青春性のあふれた作品です。

●季語　春（春）

●作者　一九一三（大正二）～一九六九（昭和四四）年、愛媛県温泉郡（現・松山市）生まれ。本名、哲夫。句集に『鶴の眼』『借命』、著書に『江東歳時記』など。

俳句って何？　俳句に著作権は？

著作権があります。句集単位ではなく、一句ごとにあります。ただ、俳句を作るだけで生活している俳人は少数で、使用許諾の条件は有料とは限っていません。

ひらひらと月光《げっこう》降《ふ》りぬ貝割菜《かいわりな》

川端茅舎《かわばたぼうしゃ》

●**解釈と鑑賞**

貝割菜は、貝割れ形に芽が出たばかりの葉のことですが、とくに大根や豆の芽のことをいいます。畑に芽生えたばかりの貝割菜に月光がひらひらと舞い降るようにそそいでいます。

降りそそぐ月光に、土から出た双葉の貝割菜、幻想的ともいえる静寂《せいじゃく》を感じさせる光景でもあります。

オノマトペ「ひらひらと」がより情感をふくらませています。

●**季語**　貝割菜（秋）

●**作者**　一八九七（明治三〇）～一九四一（昭和一六）年、東京生まれ。本名、信一《のぶかず》。句集に『華厳』『川端茅舎全句集』など。

俳句って何？　オノマトペ？

オノマトペ（擬態語・擬声語）は自然現象の音をまねて作られた言葉です。

「わんわん」「こけっこう」などの動物の鳴き声、また、「にこにこ」「うきうき」など物事の状態や身振りを表した言葉です。

冬菊《ふゆぎく》のまとふはおのがひかりのみ《ウ》

水原秋櫻子《みずはらしゅうおうし》

●作者　一八九二（明治二五）〜一九八一（昭和五六）年、東京生まれ。本名、豊。句集に『葛飾』、『水原秋櫻子全集』など。

●解釈と鑑賞

冬の庭には花もなくなり、冬菊だけが咲いています。その冬菊の花がまとっているのは自分の光、菊花自身の美しさのみです。

濁世《だくせ》にも右往左往することのない、孤高の姿をうかがうことすらできます。

作者の生き方を重ねあわせると、秋櫻子自身の生き方と意志の投影と見ることも間違いではないでしょう。

●季語　冬菊（冬）

俳句って何？　比喩《ひゆ》？

何かにたとえて表現することを「比喩」といいます。

共通点や類似点をいい表して「……のごとく」「……ように」という「直喩《ちょくゆ》」と、一見何の関係もないようなものを結び付けて暗示する「暗喩《あんゆ》」「隠喩《いんゆ》」があります。

牡丹《ぼたん》散《ち》って打《うち》かさなりぬ二三片《にさんぺん》

与謝蕪村《よさぶそん》

●解釈と鑑賞

牡丹は直径二〇センチもある花を開き、中国では花王と称され、日本でも美しい女性にたとえられる花です。散った花びらの二三片は静かに土の上で重ねあわされています。

「打かさなりぬ」に東洋的な美、散った牡丹に滅びゆく姿を美しいと感じる心情があるように思えます。

画家でもあった蕪村の写実的な眼差しに、絵画のような趣も感じさせます。

牡丹は近世中ごろから広く愛された文人好みの花です。

●季語　牡丹（夏）

●作者　一七一六（享保元）〜一七八三（天明三）年、摂津の国毛馬（現・大阪府都島区）生まれ。江戸中期の俳人。文人画家。俳画に『おくのほそ道』『野ざらし紀行』、句集に『蕪村句集』など。

俳句って何？　文人？

中国の社会に生まれた、生き方の一つです。簡単にいうと、「学問を修め、文章をよくする人」、武人に対して用いられた言葉です。明治時代以後、作家の余技として作られた俳句を文人俳句といいます。

頂上《ちょうじょう》や殊《こと》に野菊《のぎく》の吹《ふ》かれ居《お》り

原石鼎《はらせきてい》

●解釈と鑑賞

頂上にたどりついて、見れば、様々な草花が風に吹かれていました。とりわけ、野菊が風に吹かれてゆれていました。野菊の小さな花のたおやかな美しさが目に浮かびます。

一九一二（大正元）年、「ホトトギス」に初めて投句して、第二席に選ばれた句です。句に詠まれた頂上は、吉野川上流、鳥見山《とみ》の神武天皇即位の伝承のある鳥見山中霊畤跡です。

●季語　野菊（秋）

●作者　一八八六（明治一九）～一九五一（昭和二六）年、島根県神門郡（現・出雲市）生まれ。本名、鼎《かなえ》。句集に『自選句集　花影』『石鼎句集』など。

俳句って何？

「ホトトギス」って？

一八九七（明治三〇）年、柳原極堂《ごくどう》が発行人となって愛媛県松山市で創刊。誌名は子規の俳号「子規《ほととぎす》」によっています。のち、高浜虚子が発行人になり、東京で発行され、現在に至っています。

大空《おおぞら》に羽子《はね》の白妙《しろたえ》とどまれり

高浜虚子《たかはまきょし》

●解釈と鑑賞

新年で雲もない冬の青空が広がっています。寒い中にも新年の引き締まった感じがあります。

羽子板で突いた羽子が、大空に止まっているように見えたのでしょう。

しかも羽の色は白く、その白い羽が輝いて眩《まぶ》しいくらいの感じがします。

昔に比べると羽子突きをして遊ぶ光景はあまり見られなくなりました。

羽子板は現在では、遊び道具としてよりも、正月の縁起物として、羽子板市などで売られています。

●季語　羽子（新年）

●作者　一八七四（明治七）～一九五九（昭和三四）年、愛媛県松山市生まれ。（句集は二〇ページ参照）

俳句って何？

歳時記で違う季語の分類？

季節の循環の日付が太陰太陽暦《たいいんたいようれき》（旧暦）を基準にして編纂《へんさん》されている歳時記と、太陽暦（新暦）で自然気象を基準にして編纂されている歳時記では、分類される季節が違っています。例えば、八月一五日の敗戦忌《はいせんき》は旧暦では秋ですが、新暦では夏に分類されています。

朝露《あさつゆ》によごれて涼《すず》し瓜《うり》の泥《どろ》

●解釈と鑑賞
江戸時代、瓜は、真桑瓜《まくわうり》のことを指していました。畑で栽培されている真桑瓜に付いている泥も、朝露にぬれているのを見ると、暑い夏のことであれば、かえって涼しく感じられるということです。句は、京都の嵯峨《さが》の落柿舎《らくししゃ》での作です。

芭蕉が杉山杉風《すぎやまさんぷう》に宛てた書簡によると、最初の案は「瓜の土」だったそうですが、「瓜の泥」に改められました。

●季語　涼し・瓜（夏）

松尾芭蕉《まつおばしょう》

●作者　一六四四（寛永二一）〜一六九四（元禄七）年、伊賀国上野（現・三重県）生まれ。江戸時代前期の俳諧師。本名、松尾忠右衛門宗房。俳号、桃青、芭蕉は庵号。（著書は、一二一ページ参照）

俳句って何？


芭蕉にも無季の句？

江戸時代、無季の句は「雑《ぞう》の句」と呼ばれていました。鈴鹿の名所「杖つき坂」で詠んだ「歩行《かち》ならば杖《つえ》つき坂《ざか》を落馬哉《らくばかな》」の句があります。

●まず、俳句を作ってみよう！

筆記具と紙さえあれば、自分の作った俳句を書き留めておくことができます。

俳句は、五・七・五の短い詩形ですから、通学の途中、電車やバスの中で、頭に浮かんだ好きな言葉の切れ端をメモしておくことも作るきっかけになります。

「秋風や書かねば言葉消えやすし　野《の》見《み》山《やま》朱鳥《あすか》」の俳句があるように、頭に浮かんだ詩的な言葉も、メモしておかなければ忘れてしまいます。せっかくのフレーズが思い出せず、悔しい思いをすることもたびたびあります。メモしておけばよかったと思ってもあとの祭、皆さん、メモ魔になることは大切です。

俳句作りに欠かせないのが辞書と歳時記です。辞書は字を調べたり、言葉をさがす時に必要です。また、歳時記があれば、季語についての知識や例句を調べたり、覚えたりすることができます。最初は指折り数えて俳句を作ることになるでしょうが、そのうちに、自然に五・七・五のリズムで言葉が出てくるようになります。最初は季語を入れて作るようにすれば、それらしい俳句の形になります。しかし、季語を入れることは俳句の絶対条件ではありませんので、まずは、自分の表現したいことや表現する喜びを最優先に考えてください。

心に感じたことを言葉にしてみましょう。言葉のおもしろさ、表現する楽しさを身につけることができるはずです。

●句会をやってみよう

作った俳句を持ち寄って、発表し、批評しあい、鑑賞しあう場、つまり、自分の表現したことを客観的に検討できる共同の場が「句会」です。句会は俳句の道場です。句会に参加した人たちで意見を出しあい、話しあうことによって、俳句の楽しさも増します。

句会では、初心者もベテランも、指導者である先生もみな平等です。俳句を作る楽しみは句会にあるといってもよいくらいです。

句会のやり方は、一般的には、持ち寄った俳句を短冊《たんざく》（普通の上質紙で可）に、一枚に一句、無記名で書いて投句し、集められた俳句を清記（清書）します。清記された用紙を順番に回し、回ってきた俳句の中から、自分でいいと思った句や好きな句を選びます（自分の句を選んではいけません）。次に、各人が選んだ句を一人の人（披講者《ひこうしゃ》）が読み上げます（披講）。読み上げられた句の数（点盛り）によって、例えば、三人に選ばれれば「三点句」、一番多く選ばれた句を「最高点句」といいます。ここで、合評《がっぴょう》を行い、合評が終わったら、誰が作った俳句か、作者が名乗ります（自分の句が選ばれた時に、すぐに名乗る句会もあります）。

句会に参加した仲間の意見を聞いたり、意見を言ったりすることで、俳句への理解も深まり、俳句を作る力も向上します。俳句を鑑賞する力も高められます。コミュニケーションの楽しさも味わえます。ぜひ、試してみてください。

＊主要参考文献

・『現代俳句事典』（三省堂）
・『名歌名句辞典』（三省堂）
・『日本大歳時記』（講談社）
・『カラー版　新日本大歳時記〈夏〉』（講談社）
・『現代俳句歳時記』（現代俳句協会）
・『日本秀歌秀句の辞典』（小学館）
・「国文學」鑑賞・日本の名歌名句一〇〇〇（學燈社）
・「国文學」鑑賞・近代の名歌名句一〇〇〇（學燈社）
・夏石番矢著『現代俳句キーワード辞典』（立風書房）
・石寒太他編『俳句って何？』（邑書林）
・現代俳句協会編『俳句夢一夜』（文學の森）
・小田保編『シベリヤ俘虜記』（双弓舎）
・その他　個人句集など。

著者紹介

●大井恒行

1948年，山口県生まれ。

同人誌「豈」編集人。現代俳句協会会員。日本文藝家協会会員。

句集『秋《トキ》ノ詩《ウタ》』（私家版），『風の銀漢』（書肆山田），『大井恒行句集』（現代俳句文庫，ふらんす堂），著書『俳句　作る楽しむ発表する』（西東社），『本屋戦国記』（北宋社），『二十一世紀俳句ガイダンス』（共著，現代俳句協会），『現代俳句ハンドブック』（共著，雄山閣）などがある。

＊イラスト：伊東美貴

教室《きょうしつ》でみんなと読《よ》みたい俳句《はいく》85

2011年2月15日　初版発行

著　者　大《おお》　井《い》　恒《つね》　行《ゆき》
発行者　武　馬　久　仁　裕
印　刷　株式会社　太洋社
製　本　株式会社　太洋社

発行所　株式会社　黎《れい》　明《めい》　書《しょ》　房《ぼう》

〒460-0002　名古屋市中区丸の内3-6-27　EBSビル
☎052-962-3045　FAX052-951-9065　振替・00880-1-59001
〒101-0051　東京連絡所・千代田区神田神保町1-32-2
南部ビル302号　☎03-3268-3470

落丁本・乱丁本はお取替します　ISBN978-4-654-00319-8